510. Ancient and modern books on roman and ancient foreign law.

511. Fish and fishing.

512. South- and Central- American law, international affairs and treaties.

513. Bibliography - Typographie.

514. Dernières acquisitions.

515. Central- and South- America.

516. Dernières acquisitions.

517. Industrial art and architecture.

518. The Hollanders in America

Springer-Science+Business Media, B.V
Librairie Ancienne et Moderne
LA HAYE
LANGE VOORHOUT 9

# CATALOGUE
## No. 510

DE LIVRES ANCIENS ET MODERNES EN VENTE AUX PRIX MARQUÉS

# ANCIENT AND MODERN BOOKS ON ROMAN AND ANCIENT FOREIGN LAW

Springer-Science+Business Media, B.V

Adresse télégr.: Books. - Adams Cable Cod. 10th ed. - Teleph. 13589

ISBN 978-94-015-1553-5 ISBN 978-94-015-2668-5 (eBook)
DOI 10.1007/978-94-015-2668-5
Softcover reprint of the hardcover 1st edition 1925

# AVIS

Tous les ouvrages sont garantis complets, en format in-8vo et brochés, à moins d'indication contraire.

**Les prix sont en florins de Hollande.**
**1 florin = ± 40 American cents.**

La librairie **MARTINUS NIJHOFF** se charge de fournir les livres anciens et modernes non indiqués dans ses catalogues. Les commissions seront effectuées avec la plus grande exactitude et promptitude. Pour des renseignements sur des livres en tout genre on est prié de s'adresser directement à elle.

**Achat de bibliothèques**

---

My american customers may send their orders through my New-York agents, Messrs TICE & LYNCH, 21 Pearl-street, Station„P", New-York-city, to whom I have regular shipments of enclosures and heavy consignments. The experience of my agents in importing foreign books enables them to do all custom-house-formalities without any trouble for my customers. It may be noted, that all foreign books can be imported free of duty, as well as English books, more than 20 years old at the date of importation. Libraries can import all books free of duty.

Payments can be made also through my agency.

# ANCIENT AND MODERN BOOKS ON ROMAN AND ANCIENT FOREIGN LAW

1. **Adler, S.,** Die Organisation der Centralverwaltung unter Kaiser Maximilian I. Lpz. 1886. 3.—
2. **Albrecht, W. E.,** Die Gewere als Grundlage des ältern deutschen Sachenrechts. Königsberg, 1828. gr. in-8vo. d. rel. 3.50
3. **Allen, W.,** Traicté politique, où il est prouvé que tuer un tyran n'est pas un meurtre. Trad. (de l'anglais). Lugd. 1658. 12mo. d. vél. 7.50
4. **Altamiranus, H.,** De filiis official. militar. qui in bello moriuntur. Matrit. 1648. Av. front. fol. vél. souple. 7.50
5. **Amira, K. von,** Erbenfolge und Verwandtschafts-Gliederung nach den alt-Niederdeutschen Rechten. München, 1874. 1.50
6. —— Zweck und Mittel der german. Rechtsgeschichte. 1876. — **J. Gessler,** Uit de rechtspleging der 18e eeuw. 1908. — **A. Helfferich,** Die Kategorien des Rechts auf geschichtl. Grundlage. 1863. — **H. Horten,** Die Langobard. Schuldverpflichtung .1896. — **A. L. Reyscher,** Die Symbolik des german. Rechts. 1833. — etc. Ens. 10 pièces. 5.—
7. —— Grundriss des german. Rechts. 3e Aufl. Strassb. 1913. gr. in-8vo. d. rel. 4.—
   Grundriss d. german. Philologie, IX.
8. **Andreae, S. J. Fockema,** Gronden voor de beoefening der Germaansche rechtsgeschiedenis. Leiden, 1877. 0.75
9. **Andreozzi, A.,** Le leggi penali degli antichi Cinesi. Sul diritto e sui limiti del punire e traduzioni orig. dal Cinese. Firenze, 1878. 1.50
10. **Angelis, F. J. de,** De delictis. Ven. 1705. 3 tom. 1 vol. fol. vél. 6.—
11. **Angelis, P. de,** Mémoire histor. sur les droits de souveraineté et domaine de la confédération argentine (1619—1834). B. Aires, 1881. d. veau. *Rare.* 15.—
12. **Anselmo, A.,** Consultat. seu resolut. et advisamenta diurna, d. i. Dagelijckxse consultatien, resolutien, enz. (en latin ou en néerland.). Antv. 1671. fol. veau. 6.—
13. **Antoninus, M.,** Variae resolut. in foro ecclesiast. civili etc. Papiae, 1606. fol. vél. 6.—
14. **Anuario** de historia del derecho Español. Madrid, 1924. T. I. gr. in-8vo. (480 pp.) 12.—
15. **Apologie** de l'édit du mois de juillet 1714 et de la déclaration du 23 mai 1715 qui donnent aux princes légitimez, et à leurs enfans et descendants mâles, à perpétuité, nez et à naître en legitime mariage, le titre, les honneurs, et le rang de princes de sang.... ou lettre justific. pour les ducs du Maine et comtes de Toulouse. Examen de la pretendue loy fondamen-

tale, qui exclut les princes légitimez de la succession. — (**N. Begon**), Mémoire abrégé pour les princes du sang. — (**J. de La Chapelle**), Reflexions politiques et histor. sur l'affaire des princes. — (Paris, 1716). 4 pièces. 1 vol. mar. rouge, tête dor. 25.—

Collection rare de pièces rel. aux bâtards royaux. Le premier opuscule est attribué an chancelier N. de Malézien.

16. **Archives municipales** de Bordeaux. Bordeaux, 1867—1905. T. I VIII. Av. 3 vol. complément. Ens. 11 vol. Av. pl. 4to. 80.—

I. Livre des Bouillons (1205—1524). — II. Livre des privilèges (1274—1788). — III, IV. Registres de la jurade. Délibérations de 1406—09, 14—16 et 20—22. — V. Livre des coutumes (IXe siècle—1473). Publ. av. notes p. H. Barckhausen. — VI—VIII. Inventaire sommaire des registres, de la Jurade, 1520—1783. Publ. et annoté p. D. Le Vacher de Boisville et A. Ducaunnès-Duval. — Tom. complément.: L. Drouyn, Bordeaux vers 1450. Description topograph. Av. grand plan, eau-forte et figg. — C. Jullian, Inscriptions romaines de Bordeaux. 2 vol. Av. 21 pl., dont 1 (de bagues) en couleurs.

Tout ce qui a paru.

17. **Argou,** Institution au droit françois. 10e éd. Paris, 1771. 2 vol. pet. in-8vo. veau. 3.—
18. **Assen, C. J. v.,** Romeinsche regtspleging en Romeinsche zeden. Amst. (v. 1830). *T. à p.* 1.—
19. **Assises** du royaume de Jérusalem (texte français et ital.), conférés entre elles, ainsi qu'avec les lois de France.... Suiv. d'un précis histor. et d'un glossaire, publ. p. V. Foucher. Rennes, 1839, 41. T. I. 2 vol. 10.—

Tout ce qui a paru.

20. **Asso y del Rio, I. J. de,** y **M. de Manuel y Rodriguez,** Instituciones del derecho civil de Castilla. Madrid, 1771. 4to. vél. 8.50
21. **Astruc, L.,** Traité des peines des secondes noces. Galembrun, 1750. pet. in-8vo. veau. 4.50
22. **Attilicinus.** — **Kleijn, A. G.,** De Attilicini jurisprudentia. L. B. 1851. 1.—
23. **Aubert, F.,** Le parlement de Paris de Philippe-le-Bel à Charles VII, 1314—1422. Av. pièces justif. et app. Paris, 1886. d. mar. 4.—
24. **Augustinus, A.,** Emendat. et opinionum ll. IV. Ad modestinum s. de excusationibus liber singularis. Venet., ap. Juntas, 1543. 4to. peau de truie estamp. à froid. *Très bel ex.* 12.—
25. **Aymus, B.,** De universo alluvionum jure (von Zuwachs- oder Auflösungs-Recht). Ed. c. not. stud. A. Fritschi. Jenae, 1675. Av. 3 pl. et des grav. s. bois dans le texte. 4to. 7.50
26. **Ayora, A. A. de,** De partitionibus. — **Otero, A. F. de,** De pascuis et iure pascendi. — Lugd. 1677. 2 tom. 1 vol. fol. cart. 5.—
27. **Baale, C. H.,** Ueber den defensor civitatis. Amst. 1904. toile. 1.25
28. **Babler, H.,** Quadriga judicum s. de officio jurisdict., potestate judicis in genere, ordinarii, etc. Neostad. Austr. 1728. fol. vél. (Dos endomm.) 5.—
29. **Bachofen, J. J.,** Das Römische Pfandrecht. Basel, 1847. T. I (seul). gr. in-8vo. d. veau. 4.—
30. **Baldasseroni, A.,** Delle assicurazioni marittime. Firenze, 1786. 3 vol. 4to. cart., n. r. *Ex. sur grand papier.* 18.—
31. —— Leggi e costumi del cambio. Ed. 2a. Firenze, 1796. fol. d. vél. 5.—
32. —— De averijen. U. h. Ital. d. C. Vollenhoven. Amst. 1808. 2.50
33. **Bally, G.,** Traité des laods et trezeins, 2e éd., des servis, et des taillables. Av. édit sur la valeur des espèces. Anessi, (v. 1745). pet. in-8vo. vél. 6.—

34. **Balmaseda de la Puente y Sobremonte, D.,** De collectis in his regnis indictis et usitatis. Matrit. 1673. fol. vél. souple. 15.—

35. **Barbeyrac, J.,** Recueil de discours. Av. un éloge de Noodt. Amst., P. Humbert, 1731. 2 tom. 1 vol. Av. front. pet. in-8vo. cart. 3.—
Contient aussi des traductions par Barbeyrac, comme: La loi roiale du peuple Romain. Du lat. de J. F. Gronovius, etc.

36. **Bardet, P.,** et **C. Berroyer,** Recueil d'arrests du Parlement de Paris. Paris, 1700. 2 tom. 1 vol. fol. veau. (Rel. endomm.) 10.—

37. **Baron, J.,** Abhandl. a. d. Röm. Civilprozess. Berlin, 1881, 82. T. I, II. 2 vol. cart. 3.—
I. Die Condictionen. — II. Die adjecticischen Klagen.

38. —— Der Denuntiationsprocess. Berlin, 1887. (3.60) 1.50

39. **Barry, F. de,** De successionibus testati ac intestati. Francof. 1653. fol. vél. 7.50

40. **Bartsch, R.,** Die Rechtsstellung der Frau als Gattin und Mutter bis in das 18. Jahrh. Lpz. 1903. (3.—) 1.75

41. **Basilii, Constantini** et **Leonis** Prochiron. Ed. C. E. Zacharias. Heidelb. 1837. 2.—

42. **Basnage, H.,** Oeuvres. 4e éd. Rouen, 1778. 2 vol. veau. 12.—

43. **Bauer, O.,** Die Dareingabe beim Kauf nach römischem Rechte. München, 1887. 0.75

44. **Beauchet,** Loi de Vestrogothie (Westgöta-lagen). Trad. et annot. av. étude sur les sources du droit suédois. Paris, 1894. gr. in-8vo. *Epuisé.* 10.—

45. **Beaumanoir, Ph. de,** Coustumes de Beauvoisis. Nouv. éd. p. Beugnot. Paris, 1842. 2 vol. d. veau. 15.—

46. —— **Morel, A.,** Etude histor. sur les coutumes de Beauvoisis de Ph. de Beaumanoir. Beauvais, 1851. gr. in-8vo. 1.—

47. **Beccaria, C.,** Opere. Milano, 1824. 1.50

48. —— Misdaaden en straffen. Amst., G. Bom, 1768. 2.50

49. —— Traité des délits et des peines. Trad. p. Morellet. Nouv. éd. Av. comment. p. Voltaire. Amst., E. v. Harrevelt, 1771. 1.75

50. **Bechmann, A.,** Das Jus postliminii und die Lex Cornelia. Erlangen, 1872. d. rel. 1.—

51. —— Geschichte des Kaufs im römischen Recht. Erlangen, 1876. gr. in-8vo. (7.20) 3.50
Der Kauf nach gemeinem Recht. I.

52. **Begrijp, Kort,** van verscheyde placaerten ende ordonnantien.... over de administratie v. d. kercke ende aerme-goederen. Brussel, 1734. pet. in-8vo. veau. 2.75

53. **Behamb, J. F.,** I. Neu revid. und mit 117 decid. Casibus, verm. Rosz-Tauscher-Recht. Nebst Anh. aus J. W. Rövenstrunck Meditat. aedilit. II. Das Rosz- Ausleiher-Recht. III. Das Fuhr-Manns-Recht. Francof. 1715. 4to. cart. 7.50
Le „Fuhr-Manns-Recht", mentionné sur le titre, ne se trouve pas dans l'ex. Cependant il paraît être complet, finissant par le mot „Ende".

54. **Bekker, E. J.,** Die Aktionen des römischen Privatrechts. I. Jus civile. Berlin, 1871. d. rel. (4.50) 1.50

55. **Bemmelen, P. v.,** Een Noorsche eed uit de 17e eeuw. — **K. Maurer,** Die Schuldknechtschaft n. Altnordischem Rechte. (1874). — Ens. 2 pièces. *Extr.* 1.—

56. **Benedictus, G.,** Repertorium in primam et secundam partes Repetitionis ca. Raynutius, extra de testa(mentis). Add. plurimis in hac 2a ed., quae in prima omissa erant. Lugd., Dion de Harsy, 1529. pet. in-fol. d. vél. 15.—

Le titre imprimé en rouge et noir et entouré d'une bordure gravée s. bois, est réemmargé. Les marges de qq. ff. un peu courtes. Les premiers ff. tachés.

57. **Bernheim, E.,** Artikel gegen Eingriffe des Papstes Paschalis II. in die Kölner Metropolitanrechte. S. l. 1882. *Extr.* 0.75

58. **Bernhöft, F.,** Beitr. z. Lehre vom Kaufe. Jena, 1874. *T. à p.* 1.—

59. —— Staat und Recht der Römischen Königszeit im Verhältniss zu verwandten Rechten. Stuttg. 1882. gr. in-8vo. (4.80) 2.—

60. **Beschütz,** Die Fahrlässigkeit innerhalb der geschichtl. Entwicklung der Schuldlehre. I. Vom primitiven Strafrecht b. z. peinlichen Gerichtsordnung Karls V. Breslau, 1907. 1.50

61. **Beseler, G.,** Die Vergabungen von Todes wegen nach dem älteren deutschen Rechte. Gött. 1835. 1.75

62. **Bestättigung, Urkündliche,** der Mecklenburg. hohen Gerechtsamen, über dero Akademie und Rath zu Rostock. M. 138 Beyl. S. l. 1754. fol. cart. 9.—

63. **Bethmann-Hollweg, A. von,** Die Theorie des Civilprozesses. Berlin, 1827. d. veau. 0.75

64. **Bethmann-Hollweg, M. A. von,** Ursprung der Lombard. Städtefreiheit. Bonn, 1846. cart. 1.25

65. —— Der Civilprozess des gemeinen Rechts in geschichtl. Entwicklung. Bonn, 1864—74. T. I.—V, VI, 1. 6 vol., dont I—IV d. rel., le reste br. *Epuisé.* 35.—

I—III. Der römische Civilprozess. — IV—V, VI, 1. Der german.-roman. Civilprozess im Mittelalter.

Tout ce qui a paru.

66. **Bets, N.,** De statutis praes. quae jus primogeniturae concern. Ed. nova. Cur. J. Schilterus. Argent. 1699. 4to. 3.50

67. **Beuttel, J. J.,** An nobilitet venter? (droit nobiliaire). Halae, 1718. 4to. toile. 2.50

Titre restauré.

68. **Bigotière, R. de la,** Comment. sur la coutume de Bretagne. 2e éd. rev. et augm. Rennes, 1702. 4to. veau, dos doré. *Bel ex.* 10.—

69. **Blackstone, W.,** Commentaries on the laws of England. 15th ed. W. notes and add. by E. Christian. London, 1809. 4 vol. Av. portr. cart. 7.50

70. —— Comment. sur les lois angloises. Trad. p. M. D. G. Brux. 1774—76. 6 vol. cart. 5.—

71. **Blanchard, F.,** Les Présidens au mortier du Parlement de Paris. Leurs emplois, charges, qualitez, armes, blasons et genealogies, 1331—1647. Ens. un catalogue de tous les conseillers, enrichy du blason de leurs armes et de plusieurs remarques concernans leurs familles. Paris, 1647. Av. front. et de belles pl. de blasons. fol. veau. 35.—

*Dans la même reliure*: **J. B. de L'Hermite-Souliers** et **F. Blanchard,** Les éloges de tous les premiers presidens du Parlement de Paris, 1323—1645. Paris, 1645. Av. pl. de blaons. — Catalogue de tous les conseillers du Parlement de Paris, 1260—1645.

72. **Blaramberg, N.,** Essai comparé sur les institutions et les lois de la Roumanie depuis les temps les plus reculés jusqu'à nos jours. Bucarest, 1885. gr. in-8vo. d. rel. 15.—

73. **Blasius de Morcono,** De differentiis inter ius Longobardorum et ius Romanorum tractatus. Cur. expensis et stud. J. Abignente. Napoli, 1912. Av. facs. fol. 30.—
Soc. Nap. di storia patria. Monum. storici. Serie II. Leggi.

74. **Blommaert, W.,** Les châtelains de Flandre. Etude d'histoire constitutionnelle. Gand, 1915. (250 pp.) 3.50
Recueil de travaux publ. par l'Université de Gand. Fasc. 46.

75. **Blue laws, The,** of Connecticut. Collection of the earliest statutes and juridical proceedings of that colony; being an exhibition of the rigorous morals and legislation of the Puritans. Ed. w. introd. by S. M. Smucker. Philad. 1861. toile. 10.—

76. **Bluntschli, J. C.,** Geschichte des allgem. Statrechts und der Politik s. d. 16en Jahrh. b. z. Gegenwart. München, 1864. 2 vol. (6.—) 3.50

77. **Bocerus, H.,** De bello et duello. 3a ed. reform. auct. Cui adpos. est De privilegiis doctorum. I. Halbritteri. Tub. 1616. pet. in-8vo. vél. 3.—

78. **Boguetus, H.,** In consuet. generales comitatus Burgundiae observat. Referuntur pleraeque aliarum provinciarum consuetudines his similes. Lugd. 1604. d. veau. 15.—
*Contient*: Des fiefs. — Des gens mariez. — De la mainmorte. — De la chasse. — Des successions. — etc.

79. **Böhmer, I. S. F.,** De maiestate imperii magistratuum maiorum. Halae Magd. 1735. 4to. 1.50

80. —— Meditat. in const. criminalem Carolinam. Halae, 1774. Av. portrait. 4to. d. veau. 5.—
*A la fin*: Bambergische Halsgerichts und rechtlich Ordnung inn peinlichen Sachen.

81. **Bonfante, P.,** Grondbeginselen v. h. Romeinsche recht. Voor Nederland bew. d. J. Hamburger A.Dz. Gron. 1919. gr. in-8vo. toile. 12.75

82. **Bonjean, L. B.,** Traité des actions ou exposition histor. de l'organisation judiciaire et de la procédure civile chez les Romains. 2e éd. Paris, 1845. 2 vol. d. veau. 8.—

83. **Bonolis, G.,** Lezioni di storia del diritto italiano. Padova, 1919, 21. 2 vol. 6.50
Ouvrage lithographié.

84. —— Il diritto marittimo medievale dell'Adriatico. Pisa, 1921. 7.50

85. **Boos, H.,** Liten und Aldionen nach den Volksrechten. Gott. 1874. 0.75

86. **Borchgrave, E. de,** Histoire des rapports de droit public, qui existèrent entre les provinces belges et l'empire d'Allemagne, 843—1795. Brux. 1870. 4to. 6.—

87. **Borman, C. de,** Les échevins de la souveraine justice de Liége. I (moyen-âge). Liége, 1892. Av. 11 pl., dont 9 de sceaux, et de nombr. armoiries. gr. in-4to. cart. 25.—

88. **Bornier, Ph.,** Conférences des nouvelles ordonnances de Louis XIV avec celles des rois prédecesseurs de Sa Majesté, le droit écrit, et les arrêts. Nouv. éd. Paris, 1700. 2 vol. 4to. veau. 7.50

89. **Bosch Kemper, H. de,** De indole juris criminalis apud Romanos. L. B. 1830. 1.50

90. **Boterus, J.,** De ratione status s. illustrium statu et politia. Ed. nova stud. L. G. Lyndenii. Helmest. 1666. 4to. 10.—
Réfutation de Macchiavelli.

91. **Bouchaud,** Comment. sur la loi des douze tables. Paris, 1787. 4to. veau. 3.50

92. **Boulversement** de la justice en 1771. Conten. le récit de ce qui s'est passé au parlement de Paris, les parlements de province, maximes du droit public françois etc. Et pièces y servant de suite. *Sous ce titre en ms. sont réunies 83 pièces,* dont quelques-unes en ms. Rel. en 9 vol. Av. pl. d. veau. 40.—

*Contient e.a.*: Maximes du droit public français. 2 vol. (Red. p. Cl. Mey). — Maupeouana, ou correspondance du chancelier Maupeou avec son coeur Sorhouet. 2 vol. — Le parlement justifié par l'Impératrice de Russie. — Arrêtés, lois et édits du parlement.

93. **Bousquet, Is.,** Observatt. histor. de thesaurorum iure. L. B. 1859. 0.75
94. **Boutaric, F.,** Traité des droits seigneuriaux et des matières féodales. Nouv. éd. augm. Toulouse, 1775. 4to. veau. 10.—
95. **Bracton,** De legibus et consuetudinibus Angliae. Ed. by G. E. Woodbine. London, 1922. 2 vol. gr. in-8vo. d. rel. 45.—

Yale Histor. public. III.

96. **Brant, Seb.,** Titulorum omnium iuris tam civilis, quam canonici exposit. Acc. Modus studendi in utroque iure, per I. B. Caccialupum. Lugd., S. Gryphius, 1553. vél. souple. 5.—
97. **Bremer, F. P.,** Die Inschrift üb. den Prozess der Fullonen. *T. à p.* — Die Rechtslehrer und Rechtsschulen im Römischen Kaiserreich. — Die Zeit Augustus und Tiberius. — 1866—76. Ens. 3 pièces. 1.75
98. **Britz, J.,** Code de l'ancien droit belgique ou histoire de la jurisprudence et de la législation, suivie de l'exposé du droit civil des provinces belgiques. Brux. 1847. 2 vol. gr. in-4to. *T. à p.* 7.50
99. **Brummer, F.,** Brummeriana s. opuscula iuridico-histor.-philolog. Rec. G. Beyer. Lps. 1712. cart. 3.—
100. **Brunneck, W. von,** Ursprung des s.g. jus ad rem. Berlin, 1869. 1.—
101. **Brunner, H.,** Die Entstehung der Schwurgerichte. Berlin, 1872. *Rare.* 7.50
102. —— Das französ. Inhaberpapier des Mittelalters. Berlin, 1879. (1.80) 1.—
103. —— Zur Rechtsgeschichte der römischen und german. Urkunde. Berlin, 1880. T. I (seul paru). *Epuisé et rare.* 10.—
104. —— Deutsche Rechtsgeschichte. Lpz. 1906, 1892. 2 vol. gr. in-8vo. d. veau. 20.—

Le t. I en 2e éd. Ajouté l'édition originale de ce vol. (1887).

105. **Bruns, C. G.,** Die Besitzklagen des römischen und heutigen Rechts. Weimar, 1874. d. veau. 1.50
106. **Buk, Dat,** wichbelde recht. Das sachsische Weichbildrecht nach einer Hs. von 1369 von A. von Daniëls. Berlin, 1853. 1.—
107. **Bulletin usuel des lois et arrêtés** concern. l'administration générale, av. notes de concordance etc. p. A. Delebecque, 1539—1852. Brux. 1853. 2 vol. gr. in-8vo. 5.—
108. **Bulletino** dell'Istituto di diritto Romano. Publ. per cura de V. Scialoja. Roma, 1889—1921. T. I—XXXI. 31 vol. En livr. 150.—
109. **Bürgersprachen und Bürgerverträge, Die,** der Stadt Wismar. Hrsg. von C. C. H. Burmeister. Wismar, 1840. 4to. cart. 6.—
110. **Burggraven, J. C.,** De summa rerum ll. II, in quibus jura summarum potestatum. Francof. 1682. pet. in-8vo. vél. 2.50
111. **Burgundus, N.,** (in Suprema Brabantiae curia senator), Opera omnia. Eluc. jurid. aucta. Brux. 1700. 4to. vél. 5.—

112. **Bynkershoek, C.,** Opera. L. B. 1719—44. 6 vol. 4to. vél. 40.—
Observatt. jur. Rom. 2 vol. — Opuscula. — Opera minora. — Quest. jur. priv. — Quaest. jur. publ.

113. —— Même ouvrage. L. B., S. et J. Luchtmans, 1767. 2 tom. 1 vol. Av. portrait p. Houbraken. fol. vél. cordé et doré, aux armes de la ville de Middelbourg. *Ex. sur grand papier.* 30.—

114. —— Observatt. jur. Rom. ll. IV. In q. plur. jur. civilis. L. B., J. v. Kerckhem, 1733, 35. 2 vol. 4to. vél. 12.—
Le t. I en 2e éd.

115. —— Opusucla varii argumenti. L. B., J. v. d. Linden, 1719. 4to. vél. cordé. 6.—

116. —— Verhandelingen over burgerlyke rechts-zaaken. Amst., I. Tirion, 1747. 2 vol. Av. beau portrait. 7.50

117. —— **Star Numan, O. W.,** Corn. van Bynkershoek, zijn leven en geschriften. Leiden, 1869. Fort vol. 3.—

118. **Calà, H.,** De magistratibus et eorum visitatione. Neap. 1683. — **Id.,** De successione maioratus in primogeniis Hispanorum. S. l. ni d. — 2 tom. 1 vol. Av. pl. fol. vél. 6.—

119. **Callistratus.** — **Pinto, A. de,** De Callistrati icti scriptis. L. B. 1835. 2.—

120. **Campomanes, P. Rodriguez,** Trattato della regalia d'ammortizzazione. Parmae, 1767. 3 tom. 1 vol. 4to. vél. 6.—

121. **Cannaert, J. B.,** Iets over het oude strafregt in België. Brussel, 1826. Av. 1 pl. lithograph. d. veau. 1.50

122. —— Bijdr. tot het oude strafregt in België. 2e dr. Brussel, 1829. Av. 2 pl. lithograph. d. veau. 2.50

123. —— Bijdr. tot de kennis v. h. oude strafrecht in Vlaanderen. 3e verm. uitg. Gend, 1835. Av. 2 pl. et 1 facs. toile. 5.—

124. **Carpzovius, B.,** Practicae novae Imp. Saxon. rerum criminalium. Ed. 5a. mult. locupl. Wittenb. 1665. 3 tom. 1 vol. Av. titre gravé et portrait. fol. vél. cordé, av. rubans. 8.50

125. —— Verhandeling der lyfstraffel. misdaaden en haare berechtinge. Vert. d. D. v. Hogendorp. 2e dr. Amst., P. Schouten, 1772. 2 vol. Av. front. gr. in-4to. d. veau, n. r. 7.50

126. **Carrachs, J. T.,** Procesz in civil- und criminal-Sachen. Hrsg. von H. J. O. König. Halle, 1776. 4to. 2.—

127. **Cartulaire,** ou recueil des documents politiques et administrat. de la ville de Luxembourg de 1244 à 1795. Publ. p. F. X. Würth-Paquet et N. v. Werveke. Luxemb. 1881. d. veau. 5.—

128. **Cassan, J. de,** La recherche des droicts du roy, et de la couronne de France. Rouen, 1643. pet. in-8vo. veau. 5.—

129. **Challine, P.,** Méthode générale pour l'intelligence des coutumes de France. Suiv. les arrests de la cour, la doctrine de Ch. Du Moulin, R. Choppin, e. a. Gand, 1690. veau. 5.—

130. **Chenu, J.,** Livre des offices de France, ou continuation du recueil d'edicts sur creations d'estats et offices du judicature, reglemens notables, etc. Paris, 1620. 4to. veau. 10.—

131. **Choppius, R.,** De domanio Franciae. Paris. 1621. fol. vél. (Dos endomm.) 6.50
Tit. XV: De fluminibus et maritimo iure francico.

132. **Christyn, J. B.,** Brabandts recht, d. i. generale costumen van Brabandt, Limborgh, Mechelen.... Brussel, 1862. 2 vol. fol. d. bas. 15.—
133. —— Jurisprudentia heroica s. de jure Belgarum circa nobilitatem et insignia demonstrato in commentario ad edictum Alberti et Isabellae emulgatum 1616. Brux. 1689. 2 vol. Av. front., de nombr. grav. dans le texte, représent. des portr. et des armoiries etc. et 14 tables de quartiers généalog. fol. veau. 30.—
134. **Ciaccri, E.,** Processi politici e relazioni internaz. Studi sulla storia politica e sulla tradizione letteraria della Republica e dell'Impero. Roma, 1918. gr. in-8vo. 6.—

Le relazioni fra Roma e l'Egitto al tempo dei Lagidi. — L'imperatore Tiberio e i processi di lesa maestà. — Agrippa I e la politica di Roma verso la Guidea. — etc.

Ricerche s. storia e sul diritto Romano, pubbl. d. E Pais e F. S. Maranca. II.

135. **Cicero, M. T.,** De legibus. Ed. G. H. Moser. Francof. 1824. d. rel. 1.25
136. —— **Berg, F. E.,** De iurisconsulto e sententia Ciceronis. Amst. 1822. cart. 0.75
137. —— **Lynden, F. G. v.,** Interpret. jurisprudentiae Tullianae in topicis expositae. L. B. 1905. — **H. J. Bargers,** M. Tullii Ciceronis paradoxa ad M. Brutum. Z. B. 1826. — En 1 vol. d. veau. 1.25
138. **Clauss, I.,** Die Lehre von den Staatsdienstbarkeiten histor.-dogmat. entwick. Tüb. 1894. 1.50

Pp. 34—69. Die Lehre v. d. Staatsdienstbarkeiten im Staatsrecht des alten deutschen Reiches b. z. Mitte des 18. Jahrh.

139. **Clunet, E.,** Les associations au point de vue histor. et jurid. Paris, 1909. T. I. gr. in-8vo. *Epuisé.* 10.—
140. **Coccejus, S.,** Jus civile controversum. Ed. J. E. B. Emminghaus. Lps. 1791, 99. 2 vol. 4to. veau, aux armes. 15.—
141. **Cochin,** Œuvres, conten. le recueil de ses mémoires et consultations. Nouv. éd. Paris, 1757. 6 vol. 4to. veau. 15.—
142. **Code, The,** of 1650, being a compilation of the earliest laws and orders, of the general Court of Connecticut, also, the Constitution.... adopted by the towns of Windsor, Hartford, and Wethersfield in 1638—39. W. some extracts from the.... commonly called Blue Laws. Hartford, 1822. Av. front.: The Constable seizing a tobacco taker. pet. in-8vo. d. veau. 30.—

Rare et curieux. Contient e. a.: Tobacko: That no person under the age of 21 years, .... shall take any tobacko, untill hee hath brought a certificate .... of some who are approved for knowledge and skill in phisick, .... and also, that he hath received a lycense from the courte, for the same.

143. **Codex diplomaticus** Hungari.us Andegavensis. Anjoukori Okmánytár. A Magyar Tud. Akademia szerkesztette Nagy Imre, 1301—59. Budapest, 1878—1920. 7 vol. d. rel. 125.—

Ex. complet, très rare.

144. **Codex Theresianus, Die,** und seine Umarbeitungen. Hrsg. m. Anmerk. von Ph. Harras von Harrasowsky. Wien, 1883—86. 5 tom. 2 vol. d. rel. 7.50

Le „Codex Theresianus" est un projet d'un code civil autrichien, composé dans le 3e trimestre du 18e siècle par ordre de Marie Thérèse. Quoique jamais devenu loi, il a servi comme base de travaux suivants pour fonder un code civil.

145, **Codicis Vaticani** N. 5766 in quo insunt juris antejust. fragmenta q. dic. Vaticana. Ed. Th. Mommsen. Berol. 1860. 4to. d. rel. *T. à p.* 1.50

146. **Códigos antiguos** de España. Coleccion completa.... desde el fuero juzgo hasta la novísima recopilacion. Con glosario, notas, etc. publ. p. M. Martinez Alcubilla. Madrid, 1885. 1 tom. 2 vol. gr. in-8vo. veau. 17.50

147. **Cohn, M.,** Beitr. z. Bearbeit. des römischen Rechts. Berlin, 1880. T. I (seul paru). (7.20) 4.—

148. —— **(Conrat),** Das Florentin. Rechtsbuch. Eine System röm. Privatrechts aus der Glossatorenzeit. 1882. — In Sachen des Florentin. Rechtsbuchs. 1883. *T. à p.* — Ens. 2 pièces. 1.25

149. —— Das Ashburnhamer Rechtsbuch. Quelle der Exceptiones Petri. Lpz. (1886). *Pas dans le commerce.* 0.75

150. —— Die Lex Romana canonice compta. Röm. Recht im frühmittelalterl. Italien, in systemat. Darstellung. Amst. 1904. gr. in-8vo. (Akad.) 1.50

151. —— Die Entstehung des Westgothischen Gaius. Amst. 1905. gr. in-8vo. (Akad.) 2.50

152. —— Der Westgothische Paulus. Rechtshistor. Untersuch. Amst. 1908. gr. in-8vo. (Akad.) 3.—

153. **Cohnfeldt, R.,** Die Lehre vom Interesse nach römischem Recht. Lpz. 1865. (2.70) 1.25

154. **Collection** des lois, etc. antér. à 1789, restés en vigueur, p. Walker. Paris, 1835—37. 4 vol. d. rel. 2.—

155. **Commission Royale** pour la public. des anciennes lois et ordonnances de la Belgique. Procès-verbaux des séances. Brux. 1847—73. T. I—VI. En livr. 5.—

156. **Condorcet, de,** Essai sur l'application de l'analyse à la probabilité des décisions rendue à la pluralité des voix. Paris, 1785. 4to. d. veau. 6.—

157. **Consolato, Il,** del mare; compr. tutti gli statuti, et ordini: disposti da gli antichi, per ogni caso di mercantia e di navigare. Venetia, D. Zanetti, 1576. — **P. Gerardo,** Il portolano del mare, nel qual si dichiara minutam. del sito di tutti porti. Ibid. 1576. — En 1 vol. 4to. vél. souple. 30.—

158. **Consulaat, Het,** v. d. zee, waarin alle keuren en ordonnantien aang. koophandel en zeevaart. (Texte néerland. et italien). Leyden, J. Du Vivié, e. a., 1704. Av. front. 4to. vél. 7.50

159. **Constitucions** fetes p. la Sacra Cessarea.... magestat d' don Carles elet en rey dels Romans.... En la primera cort de Barcelone celebr. enlo monestir de sanct Francesch, 1520. Barcel., A despeses de Lazar Milla. 1520. fol. d. veau. 35.—

Salva II, p. 690. Bel ex., sauf une piqûre dans les marges latérales.

160. **Constitution française,** et acceptation du roi. Dijon, 1791. 12mo. veau. 1.—

161. **Consuetudines Tolosae,** c. declarationibus in quibus consuetudines. Ipsae a iuris communis dispositione discrepare seu differre videantur... C. interpr. et quaestion. J. de Casaveteri. Tolosae, Lud. Yuernaige, 1544. 4to. d. mar. *Rare.* 50.—

162. **Convention Nationale.** — **Décrets** de la Convention Nationale des années 1792 et 1793. Privas, Viviers, 1792, 93. 70 pièces. 4to. d. veau. 20.—

Collection factice de 70 décrets, conten e.a. ceux de déc. 1792 et de janv. 1793, rel. aux procès et jugement de Louis Capet, à l'exercice du culte catholique, au jugement des frères de feu Louis Capet (mars 1793), à la vente des meubles des émigrés.

Un feuillet endommagé.

163. **Coquille, G.,** Oeuvres conten. plus. traitez touchant les libertez de l'église gallicane, l'histoire de France et le droit français. Bordeaux, 1703. 2 vol. fol. veau. 25.—
Meilleure édition des oeuvres du célèbre jurisconsulte du 16e siècle. (Brunet).
*Contient e. a.*: Les coutumes du pays et comte de Nivernois.

**Corpus juris civilis.** — Voir: **Justinianus.**

164. **Corpus juris civilis** und bürgerl. Gesetzbuch. Ausgew. Stellen übers. und erläut. von J. Müller. 1904. — **H. Goudy,** Dreiteiligkeit im römischen Recht. 1914. — **H. Schindler,** Präparationen z. d. Institut. Justiniani. 1905. 2 pièces. — Ens. 4 pièces. 2.75

165. **Corpus juris Germanici antiqui.** Ed. F. Walter. Berol. 1824. 3 vol. (20.40) 7.50
*Contient e. a.*: Lex Salica, Leges Ripuar. Frisionum, Saxonum, Capitularia regum Franc., Capitula regum Franc., Leges Langobard. et App. var. monument.

166. **Corpus juris Sueo-Gotorum antiqui.** Samling af Sweriges gamla lagar. Utg. af H. S. Collin och C. J. Schlyter. Stockh. 1827—77. 13 vol. 4to. cart., n. r. 125.—

168. **Couppey,** Le jury en Normandie dans le moyen-age. S. l. (v. 1835). *Extr.* 1.—

169. **Coustumier général, Le grand,** conten. toutes les coustumes généralles et particul. du royaume de France et des Gaulles. Paris, J. Du Puys, 1567. 2 vol. Av. titre orné. fol. veau. 25.—

170. **Coutumier général, Nouveau,** ou corps des costumes générales et particul. de France. Publ. p. Bourdout Richebourg. Paris, 1724. 4 vol. fol. veau. 40.—

171. **Coustumes, Les,** d'Anjou, conférées avec celle du Maine et des pays circonvoisins. Av. comment., observat., arrests et les notes de Ch. Dumoulin. Par G. M. de La Roche-Mailley. Paris, 1633. vél. 6.—

172. **Coutumes** locales, tant anciennes que nouvelles de la loy, banlieue et échevinage d'Arras, de Bapaume, de Lens et du pays de l'Alloeu. Paris, 1746. 4to. veau. 7.50

173. **Coustumes** générales du comté d'Artois de l'éschevinage d'Arras, bailliages de S. Omer, Béthune, Aire, Lens, Bapaume, Hesdin, comté de S. Pol, du pays de Lalleu et du bailliage de Lillers. Av. ordonnances, placards, décrets, l'édit perpétuel de 1611. S. l. 1679. veau. 6.—

174. **Coutumes** générales d'Artois. Av. notes p A. Maillart. Paris, 1704. 4to. veau. 12.—

175. —— Même ouvrage. 2e éd. rev. et augm. Paris, 1739. 2 tom. 1 vol. Av. grande carte. fol. veau. 24.—

176. **Costumen** der stede, casselrye, enz. van Berghen St. Winnocx. Ghendt, 1643. 4to. veau. 12.—
Interfolié, av. de nombr. annotat.

177. **Coutumes** générales et locales de Bourbonnois. Av. notes p. Ducher. Paris, 1781. veau. 3.50

178. **Coutume** générale des pays et duché de Bourgogne. Av. comment. de Taisand. Dijon, 1698. fol. veau. 12.—

179. **Costumen** der stede ende schependomme van Ghent, gheconfirmeert, 1563. Ghendt, H. v. d. Keere, 1564. Av. titre en bordure. 4to. vél. *Bel ex.* 15.—

180. **Costumen** ende wetten van Ghendt. M. de notulen van L. v. d. Hane. Gendt, 1765. veau. 2.50

181. **Coustumes** et usages de la ville de Lille. Lille, 1687.—**Idem** augm. des coustumes localles de la viscomté de Habourdin et Ammerin, et plus. ordonnances. 1688. — **Reglement** des salaires des procureurs royaux de Lille. 1693. — **Extrait** de l'ordonnance de févr. 1731 concern. les donations. 58 pp. en ms. — Ens. 4 pièces en 1 vol. 4to. veau. 15.—

182. **Costuymen** van Loven ende van haeren ressorte. Loven, 1622. 4to. 10.—

Les dernières 47 pp. contiennent: Ordonnantien vande wees-camere van Loven.

183. **Coutumes** des quartiers de Louvain et de Tirlemont, p. C. Casier. Brux. 1874. 4to. 6.—

184. **Coutumes** de la ville de Malines p. de Longé. Brux. 1879. 4to. 6.—

185. **Coutumes** du bailliage de Melun, anciens ressorts et enclaves d'icelui, suiv. la reformation d'avril 1560. Av. observat. p. L. A. Sevenet. Sens, 1768. 4to. veau. 10.—

186. **Coutumes** générales de la ville Metz et pays Messin. Av. comment. 2e éd. Metz, 1732. veau. 2.50

187. **Coutumes** du comté et bailliage de Montfort-Lamaury, Gambais, Neauphle-le-Chastel, St. Liger en Yveline, enclaves et anciens ressorts d'iceux. Av. comment. p. Cl. Thourette. Rev. et augm. Paris, 1731. veau. 6.—

188. **Coutumes** du pays et duché de Normandie, anciens ressorts et enclaves d'icelui. Augm. d'édits, déclarations, arrets, etc. Nouv. éd. Rouen, 1732. pet. in-8vo. veau. 3.—

189. —— Même ouvrage. Nouv. éd. Rouen, 1783. pet. in-8vo. veau. 3.—

190. **Coutumiers** de Normandie. Textes critiques, publ. av. notes et éclaircissements p. E. J. Tardif. Rouen, 1881, 1903. T. I. 2 vol. gr. in-8vo. 10.—

I, 1. Texte latin. — I, 2. Texte français et normand.
Tout ce qui a paru.

191. **Coutumes** des duché, bailliage prevosté d'Orléans et ressorts d'iceux. Comment. p. J. Delalande. Orléans, 1673. fol. veau. (Rel. légèr. endomm.) 12.—

192. —— Même ouvrage. Av. notes de H. Fornier et Dumoulin. Ajouté discours p. Delalande. Orleans, 1740. 3 tom. 1 vol. veau. 6.—

193. —— Même ouvrage. Av. introd. et notes. Orleans, 1760. 3 tom. 2 vol. veau. 8.50

194. —— Même ouvrage. Av. introd. et notes p. Pothier. Nouv. éd. Paris, 1776. 2 vol. veau. 7.50

195. **Coustumes** de la prevosté et vicomté de Paris. Av. notes de C. Du Molin, observat. de J. Tournet, J. Joly, et Ch. Labbe. Paris, 1678. pet. in-8vo. veau. 5.—

196. **Coutumier, Le,** de Picardie, conten. les comment. de Heu, Dufresne e. a., sur les coutumes d'Amiens, Ponthieu, Péronne, Mondidier, Roye, Montreuil, Boulenois, et questions importantes. Paris, 1726. 9 tom. 2 vol. fol. veau. 15.—

197. **Coutumes** générales de la sénéchaussée de Ponthieu et celles locales d'Abbeville. Av. notes de Duchesnes et addit. p. Delegorgue. Amiens, 1766. 2 tom. 1 vol. veau. 6.50

198. **Coutumes** de la ville, gardiage et vignerie de T o u l o u s e. Av. observ., édits et déclar. du roi p. J. A. Soulatges. Toulouse, 1770. 2 tom. 1 vol. 4to. veau. 10.—
Le titre manque.

199. **Coutume** du bailliage de T r o y e s. Av. comment. de L. Le Grand. Paris, 1714. fol. veau. 7.50

200. **Coutumes** générales du bailliage de T r o y e s en Champagne. Av. comment. p. Marcilly. Paris, 1768. veau. 4.50

201. **Coutumier, Le,** de V e r m a n d o i s. Conten. les comment. de Buridan, La Fons et D'Hericourt, de Godet et Billecart sur Chalons, de Buridan sur Rheims, de Vrevin sur Chaulny. Paris, 1728. 2 vol. fol. veau. 20.—

202. **Coutumes** de V i t r y l e F r a n ç o i s. Av. comment. de Ch. de Salligny. 4e éd. corr. et augm. Chalons, 1676. 4to. veau. 8.—

203. **Costumen** ende wetten ghedecret. bij de graven van V l a e n d e r e n, verg. d. L. v. d. Hane. 2e verm. dr. Antw. 1674. fol. vél. cordé. 15.—
Recueil important des coutumes des villes de la Flandre.

204. **Coxe, W.,** Die heiml. Gerichte in Westphalen. A. d. Eng. von Griesinger. 2e Ausg. Cannst. 1803. 1.—

205. **Crahay, L.,** Principes généraux de la coutume liégeoise. Brux. 1884. fol. 1.75
Préf. du t. III des Coutumes du pays de Liége.

206. —— Costume du duché de Limbourg et des autres pays d'Outre Meuse. Brux. 1889. 4to. 1.50

207. **Cron, J. A.,** De jure assecurationum, vom Assecurantz-Recht. Rost. 1725. pet. in-8vo. d. vél. 2.50

208. **Cuaderno** de leyes y ordenanzas, con que se gobierna esta provincia de Alava, y difer. privilegios y cedulas (1332—1825). Vitoria, 1825. Av. titre gravé de 1617. fol. d. veau. 30.—

209. **Cujacius, J.,** Opera. Ad Parisiensem Fabrotianam ed. Ven. 1758 et Mutinae, 1777—83. 11 vol. Av. portrait. fol. d. vél. 50.—

210. —— Ad Africanum reliqui tractatus VI—IX. Eiusd. Observat. ll. XII, XIII, XIV. Lugd., C. Senneton, 1575. fol. 8.—

211. **Cuq, E.,** Les institutions juridiques des Romains. Préf. p. J. E. Labbé. Paris, 1891, 1902. 2 vol. gr. in-8vo. d. rel. (10.— br.) 6.50
I. L'ancien droit. — II. Le droit classique et le droit du Bas-Empire.

212. **Dahn, F.,** Fehde-Gang und Rechts-Gang der Germanen. 1877. — **G. Cohn,** Symbolik im german. Familienrecht. — Ens. 2 pièces. *T. à p.* 1.—

213. **Damhouder, J.,** Patrocinium pupillorum in quo tract. de tutorum et curatorum munere. Ed. nova. Amst., H. et Th. Boom, 1671. pet. in-8vo. vél. 5.—

214. —— Practycke in civile saecken. U. h. Lat. Rott., P. v. Waesberge, 1649. Av. de belles grav. 4to. vél. 12.—

215. **Danz, H. A. A.,** Der sacrale Schutz im Röm. Rechtsverkehr. Jena, 1857. 1.50

216. —— Lehrbuch der Geschichte des Röm. Rechts. 2e Aufl. Lpz. 1871, 73. 2 tom. 1 vol. cart. (8.25) 4.—

217. **Dareau, F.,** Traité des injures dans l'ordre judiciaire, partic. la jurisprud. du petit-criminel. Paris, 1777. pet. in-8vo. veau. 3.50

218. **David, H. von,** Zur Lehre der sogen. Ersitzungstitel n. Röm. Rechte. Wien, 1869. d. rel. 1.—

219. **Defacqz, E.,** De la paix du sang ou paix à partie dans les anciennes coutumes Belgiques. 1866. — L'ancienne vénalité des offices civils en Belgique. S. d. — Ens. 2 pièces. *Extr.* 1.—

220. —— Aperçu de la féodalité. Brux. 1870. *Extr.* 2.50

221. —— Ancien droit belgique ou précis analyt. des lois et coutumes observ. en Belgique avant le code civil. Brux. 1873. 2 vol. gr. in-8vo. d. veau. 6.—

222. **Delacroix, F.,** Les procès de sorcellerie au XVIIe siècle. Paris, 1896. 2.—

223. **Delamare,** Traité de la police, où l'on trouvera l'histoire de son établissement, les fonctions, et les prérogatives de ses magistrats.... (Av.) description histor. et topograph. de Paris et huit plans gravés, qui représentent son ancien état et ses divers accroissements. 2e éd. augm. Paris, 1722—38. 4 vol. fol. veau. 50.—

Le t. I contient un grand plan plié très intéressant de Paris en 8 feuilles, le t. IV un grand plan de Paris en 2 feuilles.

224. **De le Court, J.,** Glossaire des coutumes du Hainaut. Brux. 1878. 4to. 2.50

Tiré à part à 25 exx.

225. **Delmas, P.,** Du parlement de Navarre et de ses origines. Pau, 1898. gr. in-8vo. 4.—

226. **Deloume, A.,** Aperçu histor. sur la faculté de droit de l'université de Toulouse. Maîtres et escoliers de l'an 1228 à 1900. Toulouse, 1900. gr. in-8vo. 2.—

227. **Demante, G.,** Etude histor. sur les gens de condition mainmortable en France, au 18e siècle. Appréciation, sur ce chef, des lois abolitives du régime féodal. (Paris), 1894. gr. in-8vo. d. rel. *T. à p.* 2.50

228. **Dernburg, H.,** Das Pfandrecht n. d. Grundsätzen des heut. Römischen Rechts. Lpz. 1860, 64. 2 vol. gr. in-8vo. d. veau. *Epuisé.* 10.—

229. **Desgodets, A.,** Les loix des bâtiments, suiv. la coutume de Paris, traitant des servitudes réelles, des rapports des jurés-experts, des réparations locatives etc. Av. notes de Goupy. Nouv. éd. Avignon, 1802. d. veau. 4.50

230. **Dewez,** Le gouvernement et la constitution des Belges avant l'invasion des Romains. 1824. — Droit public du Pays de Liège au moyen-âge et l'existence de ce droit dans les temps postér. 1829. — Ens. 2 pièces. 4to. *Extr.* 1.50

231. **Diaz de Valdepeñas, H.,** Summa de notas copiosas. Muy sustanc. y compend. segun el uso y estilo que agora se usa en estos reynos; las quales fueron examin. por los señores del consejo de su magestad.... Toledo, Juan de Medina, 1543. — **Aranzel**; quaderno de las ordenanças hechas por sus altezas cerca de la orden judicial.... Salam., Juan de Junta, 1544. — **Quaderno de alcavalas**; leyes del quaderno nuevo de las alcavalas.... Ibid., Juan de Junta, 1543. — **Prematica y aranzal** nuev. hecho.... por donde los herradores.... se an de regir s. los herrajes. S. l. 1531. — **Quaderno** de algun. leyes que no estan en el libro de las prematicas.... Medina del Campo, P. de Castro, 1544.— **Las leyes** de la hermandad.... Salam. 1540. — **Leyes,** ordenanças.... que hablan del obra de las lanos y paños. Ibid. 1543. — **Ordenanças** de los paños. Burgos, 1527. — **Las leyes** de estilo. S. l. (v. 1540). — **Declaracion** de la pregmatica.... Vallad., D. Fernandez de Cordova, (1537). — **Forma**

**libelandi,** por el doctor Infante. Salam., Juna de Junta, 1543. — Ens. 11 pièces. Av. titres dans des bordures. En 1 vol. fol. vél. 100.—

232. **Diez Navarro, A.,** Alegacion fiscal, por el derecho, y regalias de la del real Aposento de Corte. S. l. (v. 1740). fol. vél. 12.—

233. **Dietzel, D.,** Das senatus consultum macedonianum. Lpz. 1856. cart. 1.—

234. **Differenten, Vrankrycx en Spaignies,** over 't recht van devolutie, getrocken uyt de tractaten, enz. M. extract u. de costuymen van Brabandt, enz. 's-Grav., J. Tongerloo, 1667. 4to. vél., aux armes et av. rubans, fil., tr. dor. 5.—

235. **Dirksen, H. E.,** Uebers. der bisherigen Versuche zur Kritik und Herstellung des Textes der Zwölf-Tafel-Fragmente. Lpz. 1824. d. veau. *Epuisé.* 2.50

236. —— Beitr. z. Kunde des Röm. Rechts. Lpz. 1825. 1.—

237. —— Cicero's untergegangene Schrift: De jure civili inartem redigendo. — Die Auszüge a. d. Schriften der Römischen Rechtsgelehrten, in den Noctes Atticae des A. Gellius. — Einige von Plutarch und Suidas berichtete Rechtsfälle. — Die Quellen der Röm.-rechtl. Theorie v. d. Auslösung der in fremde Gefangenschaft gerathenen Personen. — etc. 1842—60. Ens. 12 pièces. 4to. *Extr.* 6.—

238. —— Hinterlassene Schriften z. Kritik und Auslegung der Quellen römischer Rechtsgeschichte und Alterthumskunde. Hrsg. von F. D. Sanio. Lpz. 1871. 2 vol. gr. in-8vo. d. rel. (13.80) 6.—

239. **Discours, Petit,** des parties et office d'un bon et entier juge, de l'Arrest memorable du Parlement de Tolose, de l'édict des mariages clandestins, etc. Av. annot. comment. et transl. p. J. de Coras. Lyon, B. Vincent, 1596. d. veau. (Rel. mod.) 18.—

240. **Documentos** relacion. con la legislacion petrolera Mexicana (1671—1919). Mexico, 1919. 4to. 10.—

Pp. 1—138: Antecedentes legales de la propiedad minera en la Republica (1761—1906).

241. **Domat,** Les loix civiles, le droit public et legum delectus. Rev. et augm. p. de Héricourt. Av. notes de de Boucheuret, Berroyer e. a. Paris, 1756. 2 tom. 1 vol. fol. vél. 6.—

242. **Donellus, H.,** Opera omnia. C. notis O. Hilligeri. Lucae, 1762—70. 12 vol. Av. portrait. fol. d. vél. 75.—

243. —— **Eyssel, A. P. Th.,** Doneau, sa vie et ses ouvrages. L'école de Bourges; synthése du droit romain au XVIe siècle, etc. Trad. du lat. p. J. Simonnet. La Haye, 1860. 2.50

244. **Draeger, W.,** Das alte lübische Stadtrecht, und seine Quellen. München, 1913. *Extr.* 1.50

245. **(Drapier, R.),** Recueil des princip. décisions sur les dimes, les portions congrues et les droits et charges des cures primitifs. Paris, 1730. pet. in-8vo. veau. 4.50

246. **Droit romain.** — **Ecrits,** pour la plupart en allemand et en latin, de Asher, Buechel, v. Boneval Faure, Jarcke, Niebuhr, Reusch, Scholten, Treptow, Weibel, e. a. publ. entre les années 1728—1907. Ens. 32 pièces. 9.—

247. **Droits** et coutumes de Bruxelles. (Texte néerland.-français). Rec. p. J. B. Christijn. Av. augment. p. Dehoze. Brux. 1762. 2 vol. pet. in-8vo. veau. 4.50

Marque de bibliothèque sur le titre.

248. **Dubois, P. — Meyer, E. H.,** Die staats- und völkerrechtl. Ideen von Peter Dubois (13es u. 14es Jahrh.). Marburg, 1908. 1.50
Arbeiten a. d. jurist.-staatswissenschaftl. Seminar Marburg, VII.

249. **Duboul, A.,** La fin du parlement de Toulouse. Toulouse, 1890. gr. in-8vo. 2.50

250. **Du Boys, A.,** Histoire du droit criminel en Espagne. (Pour faire suite à l'histoire du droit criminel des peuples modernes). Paris, 1870. gr. in-8vo. 3.50

251. **Du Fresne, J.,** Journal des principales audiences du Parlement depuis 1623 jusqu'à 1657. Revue et augm. de plus. arrests. Paris, 1678. 3 vol. fol. vél. cordé. 20.—

252. **Du Laury, R. A.,** (et **P. C. M. de Sainct Vaast**), La jurisprudence des Pays-Bas autrich. établ. par les arrêts du Grand Conseil de.... Malines. Ed. augm. Brux. 1761. 2 vol. veau. 5.—

253. **Dumées, A. F. J.,** La jurisprudence du Haynot François, conten. les coutumes de la province et les ordonnances de nos rois. Douay, 1750. 4to. veau. 7.50

254. **Duncombe, G.,** Trials per pais; or, the law of England concern. juries by nisi prius, etc. W. treatise of the law of evidence.... forms of challenges, etc. 7th ed. (London), 1739. veau. (Rel. endomm.) 2.50

255. **Durand de Maillane,** Dictionnaire de droit canonique et de pratique bénéficiale. 2e éd. Lyon, 1770. 4 vol. 4to. veau. 12.—

256. **Eberstadt, R.,** Das französ. Gewerberecht und die Schaffung staatlicher Gesetzgebung und Verwaltung in Frankreich vom 13en Jahrh. bis 1581. Lpz. 1899. 5.—
Staats- und socialwissensch. Forsch. XVII, 2.

257. **Eckstein, J.,** Der Fruchterwerb des Usufructuars und des Pächters nach römischem Recht. Prag, 1887. 0.75

258. **Edict** et ordonnance du roy nostre Sire, sur le fait de la levee et collectation du centiesme denier des biens meubles et immeubles accordé à sa Majesté par les Estatz de pardeça. Brux., M. de Hamont, 1569. 4to. cart. 15.—

259. **Edicti** perpetui quae reliqua sunt. Const. adnot., ed. A. F. Rudorff. Lps. 1869. (4.80) 2.50

260. **Edit** touchant les titres et marques d'honneur ou de noblesse, etc. du 11 déc. 1754. Brux. 1755. fol. 2.50

261. **Edits** de la république de Genève. Genève, 1707. 4to. veau. 12.—
Sur le gouvernement de la ville, édits-civiles, abréviation de la justice, ordonnances ecclésiast.
*Ajouté*: (**Ordonnance**) sur quelques nouveaux impots, 1718. — **Propositions** des citoyens (sur les élections).

262. **Eelking, J.,** De belgis sec. XII in Germaniam advenis variisq. institutis atq. jurib. ex eor. adventu ortis. Gött. 1770. 4to. cart. 2.50

263. **Eguizábal, J. E. de,** Apuntes para una historia de la legislacion Española s. imprenta desde 1480 al presente. Madrid, 1879. (Rel. cassée). 3.—

264. **Emérigon,** Traité des assurances et des contrats à la grosse, conféré et mis en rapport avec le nouveau code de commerce et de la jurisprudence. Av. vocabulaire des termes de marine et des noms de chaque partie d'un navire p. P. S. Boulay-Paty. Nouv. éd. Rennes, 1827. 2 vol. gr. in-4to. d. veau. *Rare.* 22.—

265. **Engelbregt, C. A.,** De legibus agrariis ante Gracchos. L. B. 1842. 1.—

266. **Engelenberg, J. R. A.**, De leer der negotiorum gestio in het Rom. recht. Utr. 1859. 1.25

267. **Ens, G.**, Nucleus histor.-polit. Denuo recusus et 2 tract. auctus. I. Pharos-politicus principum. II. Pharos-politicus ministrorum. Col. 1625, 24. 2 tom. 1 vol. pet. in-8vo. vél. 5.—

Le t. II porte le titre: Principis consiliarius.

268. **(Erard, C.)**, Plaidoyez de Mr. *** avocat au parlement. Paris, 1696. veau. 6.—

*Contient e. a.*: Plaidoyez pour le duc de Mazarin contre la duchesse de M. *Dans la même reliure*: Arrest du parlement touchant les avantages indirects faits par l'un des conjoints à l'autre. Paris, 1698.

269. **Erxleben, A.**, Die condictiones sine causa. 2e Abt.: Die condictio causa data non secuta. — Einleit. in das römische Privatrecht. — Gött. 1853, 54. 2 pièces. 1.50

270. **d'Espeisses, A.**, Oeuvres, où toutes les plus importantes matières du droit romain sont expliquées et acomodées au droit français. 2e éd. Lyon, 1664. 3 vol. Av. portr. fol. veau. (Rel. restaur.) 25.—

271. **Espen, Z. B. v.**, Jus ecclesiast. univ. hodierna disciplinae praes. Belgii Galliae et vicinar. provinc. accomod. — **Id.**, Varia opuscula. — Lovan. 1700. 3 vol. fol. veau. 15.—

272. **L'Esprit** de la coutume de Normandie. Av. un recueil d'arrets notable du même Parlement. 3e éd. augm. Rouen, 1720. 3 tom. 1 vol. 4to. veau. 12.—

273. **Etudes** d'histoire juridique, offertes à P. F. Girard par ses élèves. Paris, 1913. 2 vol. Av. portrait. gr. in-8vo. 20.—

*Contient e. a.*: **M. J. Bry**, L'édit de Caracalla 212 d'après le papyrus de Giessen. — **S. de Riccy**, Deux nouveaux papyrus juridiques. — **A. Dumas**, Les origines romaines de l'art. 1150 du Code Civil. — **J. Juster**, La condition légale des Juifs sous les rois visigoths.

274. **Exposition** du procès du clergé et de la noblesse de Lille contre le tiers-état. Lille, 1757. — **Réponse** des baillis et des magistrats de Lille. Paris, 1760. — **Consultation** pour les magistrats de Lille. Paris, 1769. — **Memoire** pour les états de Lille au sujet de l'hérédité des offices. La Haye, 1710. — Ens. 4 tom. 1 vol. 4to. d. veau. 10.—

275. **Eysinga, Tj. A. M. A. Humalda v.**, Rom. erfrecht. 's-Grav. 1896. 1.—

276. **Fabius, D. P. D.**, Mozaïsch en Romeinsch recht. Amst. 1890. 1.—

277. **(Faiguet de Villeneuve, J.)**, Légitimité de l'usure légale, où l'on prouve son utilité etc. Amst. 1770. pet. in-8vo. (Taché d'eau). 2.50

278. **Farr, S.**, Elements of medical jurisprudence. Lond. 1788. (Taché). 1.—

279. **Fauché-Prunelle, A.**, Essai sur les anciennes institutions autonomes ou populaires des Alpes Cottiennes-Brionçonnaises. Grenoble, 1856. 2 vol. (7.50) 3.50

280. **Favre, R.**, Le bien public pour le fait de la justice. Paris, 1656. vél. 7.50

281. **Febronius, J.**, — **Muller Massis, D. G. G.**, De Justini Febronii libro: De statu ecclesiae et legitima romani pontificis potestate s. de Johanne Nicolao Honthemio Strenuo libertatis ecclesiast. vindice. Ultr. 1863. 1.50

282. **Fein, E.**, Lehre von der Novation und Delegation. Jena, 1850. 1.—

283. **Feltman, G.** et **Th.**, Opera juridica. Ed. J. J. v. Hasselt. Arnhem, J. H. Moelemann, 1764—69. T. I—VII. 7 vol. fol. 15.—

284. **Ferraris, L.**, Bibliotheca canonica, iuridica, moralis, theologica nec non ascetica, polemica, etc. Ven. 1770. 10 tom. 3 vol. fol. vél. 20.—

285. **Ferrière, C. de**, Nouveau comment. sur la coutume de la prévoté et vicomté de Paris. Paris, 1770. 2 vol. veau. 2.50

286. **Ferrière, C. de**, Dictionnaire de droit et de pratique. Nouv. éd. Paris, 1771. 2 vol. 4to. veau. 3.50

287. **Ferron, J. P.**, Essai d'un système du droit coutumier luxembourgeois, précédé d'une introd. Luxemb. 1853. d. mar. 6.—
Timbre sur le titre.

288. **Festgabe** der Göttinger Juristen-Fakultät für Ferdinand Regelsberger zum 70en Geburtstage, 10 Sept. 1901. Lpz. 1901. gr. in-8vo. (6.—) 4.50
*Contient e. a.*: **V. Ehrenberg**, Der Anspruch des Schiffsgläubigers, sein Inhalt und seine jurist. Natur. — **J. Merkel**, Quellen des Nürnberger Stadtrechts. — **F. Frensdorff**, Der Makler im Hansagebiete. — etc.

289. **Feyerabend, J. D.**, De privilegiis mulierum. Von den Weiblichen Frey- und Gerechtigkeiten. Jenae, 1720. 4to. d. vél. 12.50
*Dans la même reliure*: **C. Ph. Hoffmann**, De insignioribus puerperii temporibus. Von Sechs-Wochnerinnen. Regiom. 1723. — **Io. N. Hertius**, De matrimonio putativo. Giessae, 1727. — **J. R. Kugler**, De probatione adulteri. Argent. 1751. — **S. W. Richter**, De poena jus sibi dicentis sine judice. Halae, 1760. — Patronus nupturientium. De injuriis quae haud raro novis nuptis inferri solent. (Durch das Heckerling-Streuen. Durch ungebührl. Einspruch. Durch das Nestel-Knüpfen). Quedlinb. — 5 pièces. R a r e s.

290. **Ficker, J.**, Vom Heerschilde. Beitr. z. deutschen Reichs- und Rechtsgeschichte. Innsbr. 1862. 1.50

291. — — Untersuch. z. Erbenfolge der Ostgerman. Rechte. Innsbr. 1891—1904. T. I—IV, V, 1 et VI, 1. En 8 vol. cart. et br. 35.—
Tout ce qui a parn.

292. **Filting, H. H.**, Das Alter der Schriften Röm. Juristen von Hadrian bis Alexander. Basel, 1860. 4to. 1.—

293. **Finlands rikes lag** (1538—1923). Utg. A. Hernberg. Helsingfors, 1920, 23. 2 vol. d. veau. 40.—

294. **Fitting, H.**, Zur Geschichte der Rechtswissenschaft am Anfange des Mittelalters. Halle, 1875. 0.75

295. **Floridus Sab., Fr.**, In Placiti aliorumque latinae linguae scriptorum calumniatores apologia. — De iuris civilis interpr. — De C. Iulii Caesaris praestantia ll. III. — Lectionem succisivarum ll. III. — Acc. index. Apud inclytam. Basil. 1540. fol. veau fauve, armes et fil., dor. sur les plats, dent. intér. 24.—

296. **Fontes** iuris Rom. ant. Ed. C. G. Bruns. Ed. 6a. Friburg, 1893. (4.20) 1.50

297. **Fontes** tres jur. civ. rom. ant. Legum XII tab. etc. fragmenta ed. C. A. den Tex. Amst. 1840. 0.60

298. **Fourgous, J.**, L'arbitrage dans le droit français au XIIIe et XIVe siècles. Paris, 1906. gr. in-8vo. 2.50

299. **Fournier, M.**, Une enquête dans un Collège de droit de l'Université de Montpellier au 14e siècle. Paris, 1889. *T. à p.* 1.—

300. **Fourré**, Coutumes générales du comté de Blois, ensemble les coutumes locales de son bailliage. Blois, 1777. 2 tom. 1 vol. 4to. veau. 7.50

301. **Fragmenta Vaticana**, jur. Rom. antejust., e codice palimpsesto, ed. A. Maius. Romae, 1824. d. rel. 0.60

302. **Fragmentum** veteris jurisconsulti De juris speciebus et de manumissionibus. Gr. et Lat. Cur. M. Röver. Adj. observat. ad glossar. L. B., C. Haak, 1739. cart. 2.50

303. **Frets, F.**, Welke zijn de regten, het aanzien etc. der regtsgeleerden in het Rom. rijk geweest, van af Augustus tot Justinianus? — **Holtius, A. C.**, Ad quaest. quaenam fuere jura,.... dignitas jureconsult. Roman.

inde a temp. C. Augusti usque ad dec. Justiniani? Amst. 1822. 4to. d. veau. (Akad.) 3.50

304. **Friedberg, E.,** Das Recht der Eheschliessung in seiner geschichtl. Entwicklung. Lpz. 1865. gr. in-8vo. (8.—) 4.—

305. **Friedländer, A.,** Die Lehre von der unvordenklichen Zeit. Marburg, 1843. 2 fasc. 1.—
I. Dogmengeschichte und Röm. Recht. — II. Canon., Deutsches Recht und System.

306. **Friedrichs, P.,** Verfassung und Verwaltung der Stadt Bonn zur Zeit der französ. Herrschaft (1794—1814). Bonn, 1911. 1.50

307. **Froland, L.,** Mémoires concernans le comté-pairie d'Eu et ses usages prétendus locaux avec les arrests du Parlement de Paris. Paris, 1722. 4to. veau. 10.—

308. **Fruin, J. A.,** De anfang en de slichte clage umme varende have, n. h. Oud-Saksische recht. Amst. 1871. 4to. (Akad.) 1.50

309. **Fuchs, C.,** Die Lehre von der Litisdenuntiation. Marburg, 1855. 1.—

310. **Furgole,** Comment. de l'ordonnance de Louis XV sur les substitutions du mois d'août 1747. Paris, 1767. 4to. veau. 5.—
*Ajoutée*: **Ordonnance** de Louis XV concern. les testamens. Lyon, 1736.

311. **Gaardsretter, Danske,** og Stadretter. M. inledn. og anmaerkn. udg. af J. L. A. Kolderup-Rosenvinge. Kjøb. 1827. 4to. cart. 3.50
Saml. af gamle Danske Love. T. V.

312. **Gajus,** Institutiones. Comment. IV. Ed. J. F. L. Goeschen et C. Lachmann. Bonn, 1841. d. veau. 1.50

313. —— Même ouvrage. Comment. secundus. §§ 97—289 (Testamentar. Erbrecht). Text m. Erklär. und Anh. von F. Kniep. Jena, 1913. toile. 4.50

314. —— Institutes. (Texte latin et français). Av. comment. p. L. Domenget. Nouv. éd. Paris, 1866. d. veau. (4.— br.) 2.50

315. —— Institutionen-Comment. Uebers. von F. W. K. Beckhaus. Bonn, 1857. pet. in-8vo. 1.—

316. —— Promptuarium, auct. C. F. Elvers. Gött. 1824. d. mar. 1.50

317. —— **Dernburg, H.,** Die Institutionen des Gajus. Ein Collegienheft a. d. J. 161 n. Chr. Halle, 1869. 1.25

318. —— **Dupont, E.,** Disquisit. in comment. IV Institutt. Gaji. L. B. 1822. d. rel. 1.—

319. —— **Goudsmit, J. E.,** Krit. aanteek. op Gajus n. h. Veron. hs. Leiden, 1875. 3 vol. (3.40) 1.50

320. —— **Huschke, Ph. E.,** Gajus. Beitr. z. Kritik und z. Verständnisz seiner Institutionen. Lpz. 1855. (2.25) 1.—

321. —— **Mayer, M. S.,** Ad Caji Institutionum comment. IVi § 48 comment. Tub. 1853. 1.—

322. —— **Polenaar, B. J.,** Adnotat. ad Gai comment. III. L. B. 1876. 1.—

323. —— **Rudorff, A. F.,** Ueber die lexicalen Excerpte a. d. Institutionen des Gajus. Berlin, 1866. 4to. cart. *Extr.* 1.—

324. —— **Unterholzner, C. A. D.,** Coniecturae de supplendis lacunis quae in Gaii Institutionum comm. quarto occurrunt. Wratisl. 1823. 0.75

325. —— **Wichers, B. W.,** Ad locum Gaii de tutelis. Gron. 1822. d. rel. 1.—

326. **Galiffe, J. B. G.,** Les procès criminels à Genève, en 1547, pour haute trahison contre N. Ami Perrin et contre son accusateur Maigret. Av. conclusion. Genève, 1862. 4to. *Extr.* 1.50

327. **Galiffe, J. B. G.**, Procès de P. Ameaux, conseiller d'Etat, etc. de la République de Genève et du pasteur de la Mare, 1546. Av. complém. et conclusion. Genève, 1863. 4to. *Extr.* 1.50

328. **(Galland, A.)**, Du Franc-Aleu, et origine des droits seigneuriaux. Av. les lois données p. S. de Montfort, 1212, coustumes p. le roi S. Louys, 1246 et les anciennes coustumes de Lorris données par Louys le Gros. Paris, 1637. 4to. veau. 15.—
Ouvrage curieux et recherché.

329. **Gans, E.**, Römisches Obligationenrecht. Heidelb. 1819. 1.—

330. —— Das Erbrecht in weltgeschichtl. Entwickelung. Berlin, 1824—35. 4 vol. d. veau, n. r. *Epuisé et rare.* 10.—
I, II. Das Römische Erbrecht. — III, IV. Das Erbrecht des Mittelalters.

331. **Gaupp, E. Th.**, Deutsche Städtegründung, Stadtverfassung und Weichbild im Mittelalter. Jena, 1824. *Rare.* 5.—

332. **Geer v. Jutfaas, B. J. L. de**, De Saksers voor en onder Karel den Groote. Inleid. tot eene rechtsgeschied. Utr. 1861. 1.25

333. —— Het liber legis Saxonum. Amst. 1874. *Extr.* 1.—

334. —— De Index Florentinus der Digesten. 1877. — Hadrianus tegenover de rechtswetenschap van zijnen tijd. 1879. — Ens. 2 pièces. *Extr.* 1.

335. **Geib, G.**, Geschichte des römischen Criminalprocesses b. z. Tode Justinian's. Lpz. 1842. d. veau. (6.30) 1.75

336. **Gemeiner, A.**, Eideshülfe und Eideshelfer des älteren Deutschen Rechts. München, 1848. 1.—

337. —— Die Verfassung der Centenen und des fränkischen Königthums. Studien z. deutschen Rechtsgeschichte. München, 1855. cart. 2.—

338. **Gengler, H. G.**, Deutsche Stadrechts-Alterthümer. Erlangen, 1882. cart. 4.50

339. **Gennardi, L.**, Parlamento siciliano. Bologna, 1924. T. I, 1 (1034—1282). 9.—

340. **Gérard, P. A. F.**, Histoire de la législation nobiliaire de Belgique. Brux. 1846. (3.75) 2.—

341. **Gérard le jeune, J. M.**, Institut. au droit public d'Allemagne. Lpz. 1766. veau. 2.50

342. **Gerichtsordnung, Kaiser Karls des Ven peinliche**, nebst der Bamberger Halsgerichtsordnung. N. d. Ausg. von 1533 und 1507 hrsg. von R. Schmid. Jena, 1835. 1.50

343. —— Idem und (nebst) der Brandenburger Halsgerichtsordnung. N. d. ältesten Drucken von 1521 und 1529. 2e Ausg. von H. Zoepfl. Lpz. 1876. d. rel. 1.—

344. **Geuns, I. M. v.**, An populi erroribus et superstitioni leges accommodare liceat. Ultr., O. I. v. Paddenburg, 1798. 4to. 1.50

345. **Ghesquière**, Notion succ. de l'ancienne constitution des Prov. belgiques. Av. qq. observ. sur les états actuels de Brabant. Brux. 1790. 1.—

346. **Ghewiet, G. de**, Institutions du droit belgique par rapport aux XVII provinces av. métode pour étudier la profession d'avocat. Lille, 1736. 4to. veau. 4.50

347. **Gibbon, E.**, Histor. Uebersicht des Röm. Rechts. A. d. Engl. M. Anmerk. von Hugo. Gött. 1789. pet. in-8vo. cart. 1.—

348. —— Kort begrip der geschied. v. h. Romeinsche regt. Herz. d. L. A. Warnkoenig. Gor. 1823. d. veau. 1.—

349. **Gibbon, E.**, Même ouvrage. Leiden, 1872. cart. 1.—
350. **Gide, P.**, Etudes sur la novation et le transport de créances en droit romain. Paris, 1879. gr. in-8vo. (3.75) 2.50
351. **Gierke, O.**, Die histor. Rechtsschule und die Germanisten. Berlin, 1903. 4to. (Programm). 1.50
352. —— Schuld und Haftung im älteren deutschen Recht. Breslau, 1910. gr. in-8vo. (7.20) 6.—
353. **Gilbert, G.**, Handb. der Griech. Staatsalterthümer. Lpz. 1881, 85. 2 vol. d. veau. (8.10) 3.50
354. **Girard, P. F.**, Mélanges de droit romain. Paris, 1912, 23. 2 vol. 14.—
355. —— Manuel élémentaire de droit romain. 7e éd. revue et augm. Paris, 1924. 7.—
356. **Giraud, Ch.**, Précis de l'ancien droit coutumier français. Paris, 1852. 2.—
357. **Girtanner, D. W.**, Die Stipulation und ihr Verhältniss zum Wesen der Vertrags-obligation insbes. zum Creditum. Kiehl, 1859. d. veau. 1.—
358. **Gislebertus Balduinus Quintus**, Chronica Hannoniae. Nunc prim. ed. cur. M. du Chasteler. Brux. 1784. 4to. veau. 4.50

*Ajouté*: **C. Smet**, De jure quo Hermannus, maritus comitinae Richildis, comes Hannoniae fuerit. Brux. 1785.

359. **Giurba, M.**, Repetitiones de successione feudorum inter ascendentes et descendentes masculos. Lugd. 1679. fol. vél. 5.—
360. **Glasson, E.**, Du consentement des époux au mariage d'après le droit romain, l'ancien droit françois, etc. Paris, 1866. (3.—) 1.25
361. **Glins, T. v.**, Over de zee-regten uyt het placcaet van Philips, uitgeg. 31 Oct. 1563. Amst., J. Pluymer, 1665. 4to. vél. 12.—
362. —— Même ouvrage. Amst., C. v. d. Stolk, 1727. 4to. 6.—
363. **(Godefroy, D.)**, Mémoires et instructions pour servir dans les négociations et affaires concern. les droits du roy de France. Amst., A la sphère, 1665. veau. 5.—
364. **Göhrum, C. G.**, Geschichtl. Darstellung der Lehre von der Ebenbürtigkeit n. gemein. deutschen Rechte. Tüb. 1846. 2 vol. (6.30) 2.50
365. **Goldmann, E.**, Die Einführung der deutschen Herzogsgeschlechter Kärntens in den slovenischen Stammesverband. Beitr. z. Rechts- und Kulturgeschichte. — **Id.**, Beitr. z. Gesch. der german. Freilassung d. Wehrhaftmachung. Breslau, 1903, 04. 2 pièces. (6.75) 4.50

Untersuch. z. Deutschen Staats- und Rechtsgeschichte. Hrsg. von O. Gierke. Lfg. 68, 70.

366. **Goldschmidt, L.**, Rechtsstudium und Prüfungsordnung. Beitr. z. preuss. und deutschen Rechtsgeschichte. Stuttg. 1887. (5.40) 2.50
367. **Gonne, I. G.**, De commento Speculi suevici seu alemannici. Erlangae, 1753. 4to. 2.50
368. **Göppert, (H.)**, Die organ. Erzeugnisse. Untersuch. a. d. röm. Sachenrecht. Halle, 1869. 3.—
369. —— Einheitl. zusammengesetzte und Gesammt-Sachen nach röm. Recht. 1871. — Der Grund der Regel „heredi a semet ipso inutiliter legatur". 1893. — Ens. 2 pièces. 1.25
372. **Gratianus**, Decretum una cum apparatu Barthol. Brixiensis. Basil., Mich. Wenszler, 1481. gr. in-fol. ais en bois, recouv. de veau estamp. à froid. (Reliure monastique). 250.—

Hain, no. 7895. Proctor, no. 7494. Beau spécimen de typographie. Impression en rouge et noir, le texte entouré du glossaire, les initiales rubricées en rouge et bleu. Ex. très bien conservé; quelques piqûres insignifiantes dans les premiers et les derniers feuillets et dans la reliure. Marque de bibliothèque sur le premier feuillet.

373. **Gratianus**, Même ouvrage. Paris, B. Rembolt, (1507). Av. titre dans une bordure, grav. s. bois et 2 belles et grandes grav. s. bois. gr. in-fol. veau. 150.—
Beau spécimen d'une impression du 16e siècle, en rouge et en noir. Les derniers ff. de la table (à partir de Silentium) manquent.

374. **Gregorius, P.**, Syntagma iuris universi atque legum pene omnium gentium praecipuarum. Francof., B. Fischerus, 1591. 3 tom. 2 vol. fol. d. vél. 15.—

375. **Grimaudet, Fr**, Paraphrase du droict des dixmes ecclésiast. et inféodées. Paris, R. Estienne, 1571. vél. souple. 7.50

376. **Grimm, J.**, Deutsche Rechtsalterthümer. Gött. 1828. cart. 1.50

377. —— Même ouvrage. 2e Ausg. Gött. 1854. d. rel. 3.—

378. —— Même ouvrage. 4e verm. Ausg. d. A. Heusler und R. Hübner. Lpz. 1899. 2 vol. (21.—) 14.—

379. **Grinten, W. A. E. A. v. d.**, De foenore nautico apud Athenienses. Tilburg, 1906. 1.—

381. **Grotius, H.**, De imperio summarum potestatum circa sacra. Ed. 2a. Paris. 1648. pet. in-8vo. vél. 4.50
Voyez Rogge, no. 132.

382. **Guerra, P.**, Il diritto d'Albinaggio e la filosofia del secolo XVIII. Firenze, 1900. 2.—
Légères taches d'eau.

383. **Gundling, N. H.**, Gundlingiana, darinnen allerhand z. Jurisprudentz, Philosophie, Historie.... und übr. Gelehrsamkeit. Halle, 1715—37. 46 fasc. 10 vol. Av. portr. d. veau. 20.—

384. —— De emptione uxorum dote et morgengaba ex jure germanico. Lps. 1731. 4to. 1.50

385. **Guyot, G. A.**, Observat. sur le droit des patrons et des seigneurs de paroisse aux honneurs dans l'église. Paris, 1751. 4to. veau. 3.50

386. **Haersma Az., Aul. v.**, De jure indigenatus. 1787. — **S. H. Roorda v. Eysinga**, De delictis ex jure, cum Romano tum Fris. 1804. — **G. S. Brantsma**, De lucro et damno, quod inter conjuges commune est. 1805. —etc. 1787—1857. Ens. 7 pièces. 4to et 8vo. 8.—

387. **Hahn, H.**, De jure imperii Germanici. Helmst. 1640. 4to. (Taché d'eau). 1.75

388. **Hahn, S. Fr.**, Collectio monument. vet. et recent. inedit. ad Codicum fidem restitut. etc. diplomatum nempe, sigill. litter.... aliorumque insignium script. antiquitates. Brunsv. 1724, 26. 2 vol. Av. pl. et figg. vél. 6.50
*Contient e. a.*: **Romanus, A.**, De re militari veterum. — **Diplomatica**, c. sigillis. — **Chronica** der Grafen von Cilli.... aller Händell Art, Kriegen, Wesen und Leben. — **Unrest, J.**, Chronicon Austriacum. — **Alte Westphal. Gerichtsordnung.** — **Epitome** description. Sueciae, Gothiae et Fenningiae.

389. **Halbertsma, P.**, De magistratuum probatione ap. Athenienses. Dev. 1841. 1.—

390. **Hallwachs, J. C.**, De centena illimitata s. territoriali. Francof. 1746. 4to. cart. 3.—
A la p. 75 commence: Fürstl. Hessische Ungebots-Ordnung, wie solche 1640 bestättiget worden.

391. **Hamberger, L. A.,** Opuscula ad elegantiorem jurisprudentiam pertinentia. Jena, 1740. pet. in-8vo. vél. 2.50
392. **Hamburger A.Dzn., J.,** Het rechtskarakter v. h. jusjurandum voluntarium naar Romeinsch recht. Utr. 1894. toile. 1.25
393. **Hanserecesse.** Die Recesse u. a. Akten der Hansetage von 1256—1430. Hrsg. d. die Histor. Comm. d. Kön. Acad. d. Wissensch. München, 1870—77. T. I—IV (—1400). 4to. cart. (36.—) 12.—
394. **Harencarspel, R. Scheers v.,** De propria reipubl. Rom. conditione in tribunorum plebis institut. observ. Ultr. 1818. 0.75
395. **Hartmann, O. E.,** Die röm. Gerichtsverfassung. Gött. 1859. 1.—
396. **Hase, E. F.,** Das jus postliminii und die fictio legis Corneliae. Halle, 1851. 1.—
397. **Hasenbalg, H.,** Zur Lehre von der actio Pauliana. Berlin, 1874. 0.75
398. **Haubold, Ch. G.,** Opuscula academica. Emend. et auxit C. E. Ch. Wenck et F. C. G. Stieber. Lps. 1825, 29. 2 vol. Av. 3 pl. d. veau. 5.—
399. **Haugwitz, A. A. ab,** De regni et aulae mareschallorum nomine, origine, juribus, etc. Budissae, 1690. 4to. 6.—
400. **Hecht, F.,** Die röm. Kalendarienbücher. Heidelb. 1868. d. rel. 1.—
401. **Heck, Ph.,** Die Gemeinfreien der karoling. Volksrechte. Halle, 1900. gr. in-8vo. (7.20) 4.—
Beitr. z. Geschichte der Stände im Mittelalter.
402. **Heiden, L. v.,** De varia majestatis signific. cum olim ap. Roman. tum deinde ap. recent. populos. Gron. 1834. 1.—
403. **Heilfron, E.,** Römische Rechtsgeschichte und System des römischen Privatrechts. 6e Aufl. Berlin, 1908. toile. 4.—
404. **Heineccius, J. G.,** Opera ad univ. juris prudentiam, philosoph. et litteras humaniores pertin. Genevae,1744—48. 8 vol. 4to. vél. cordé. *Bel ex.* 35.—
Le t. VIII contient: Praelectiones in Hug. Grotium de jure belli et pacis.
405. —— Elementa juris civilis sec. ord. Pandectarum. Amst., J. Waesberg, 1731. vél. 2.50
406. **Helbergen, G. v.,** Leges annales reipublicae. Roman. L. B. 1874. 1.—
407. **Hengst, H. W. v.,** De origine et juribus dominii, huiusque acquir. modis, qui origin. vulgo dicuntur, imprimis sec. naturae jus. Ultr. 1826. 1.—
408. **Hermann, K. F.,** Gesetz, Gesetzgebung und Gesetzgebende Gewalt im griech. Alterthume. Gött. 1849. 4to. *Extr.* 1.—
409. —— Entwicklung des altdeutschen Schöffengerichts. Breslau, 1881. *T. à p.* 1.40
410. **Heusde, A. C. v.,** De lege Poetelia Papiria. Ultr. 1841. 1.—
411. **Heusler, A.,** Die Gewere. Weimar, 1872. cart. *Rare.* 7.50
412. **Hevia Bolanos, J. de,** Curia Philipica, donde se trata de los juicios civiles y criminales eclesiast. y seculares. Nueva impr. Madrid, 1783. fol. vél. (Rel. défaite). 9.—
La 2e partie traite exclusivement „de la Mercancia y contractacion de tierra y mar."
413. **Heyman, A.,** De communione bonorum inter coniuges nobiles atque illustres per Germaniam exule. Marb. Catt. 1767. 4to. cart. 1.50
414. **Hildebrand, R.,** Recht und Sitte a. d. verschied. wirtschaftl. Kulturstufen. Jena, 1896. T. I (seul paru). (3.—) 2.—
415. **Hille, G. E. W. v.,** De testamentis jure attico. Amst. 1898. 2.—
416. **Hillebrand, J.,** Lehrbuch der deutschen Staats- und Rechtsgeschichte. Lpz. 1856. d. rel. (5.70) 1.50

417. **Hingst, S. J.,** Bonorum possessio. Amst. 1858. 1.50

418. —— Geschied. der histor. school (op het gebied v. h. privaatregt in Duitschland). Amst. 1859. cart. 1.25

419. **Hoekstra, J. E.,** De decemviri en hun wetgeving. Leiden, 1908. 1.25

420. **Hoekstra, P.,** Romeinsche antiquiteiten. Zwolle, 1886. cart. (1.75) 1.—

421. **Hoepfner, D. L. J. F.,** Jus naturae singulorum hominum, societatum et gentium. Lat. redd. a Th. Chr. F. Raydt. Ed. alt. emend. Linga, 1803. 3.—

*Dans la même reliure:* **Abhandlungen** zu Hoepfners Jus naturae. S. l. ni d. Marque de bibliothèque sur le titre.

422. **Hoeven, M. des Amorie v. d.,** De furtis ex jure XII tab. Amst. 1840. 1.—

423. **Hofmann, F.,** Beitr. z. Geschichte des griech. und römischen Rechts. Wien, 1870. 0.75

424. **Holtius, A. C.,** Historiae juris rom. lineamenta. Ultr. 1840. 1.75

425. —— Geschied- en rechtskundige verhandelingen. Utr. 1851. d. rel. 2.50

Geschied. en overblijfselen van Pisa. — Over de Judsche wet. — Wisbysche zeeregt. — De Tabula Amalfitana.

426. **Homeyer, C. G.,** Verzeichn. deutscher Rechtsbücher des Mittelalters und ihrer Hss. Berlin, 1836. 1.—

427. —— Der Prolog zur Glosse des sächsischen Landrechts. Berlin, 1854. 4to. 1.—

428. **Hotomanus, F.,** De usuris ll. II. Lugd., I. Frellon, 1551. pet. in-8vo. vél. 12.—

429. **Hoüard, D.,** Dictionnaire analyt., histor. (et) étymolog. de la coutume de Normandie. Rouen, 1780, 82. 4 vol. 4to. veau. 18.—

430. **Houdoy, J.,** Chapitres de Lille. Le livre Roisin, les libertés communales sous la domination française, 1296—1369; etc. Lille, 1872. gr. in-8vo. 2.50

431. **Houdoy, R. J. A.,** Le droit municipal. I. La condition et l'administration des villes chez les Romains. Paris, 1876. gr. in-8vo. (7.50) 5.—

Tout ce qui a paru.

432. **Houwing, J. F.,** De Romanorum legibus sumptuariis. L. B. 1883. 1.—

433. **Huber, U.,** Praelectionis juris civilis. Lps. 1725. 3 vol. Av. portrait. 4to. d. vél. 5.—

434. —— De iure civitatis ll. III. Ed. 4a. Ultr., J. H. v. Lynden, 1740. 4to. vél. cordé. 5.—

435. **Huber, Z.,** Dissertatt. juridicae et philologicae. Franeq., H. Amama, e. a., 1803, 06. 2 vol. 4to. vél. 6.—

436. **Huber, N. H. Wielinga,** De condemnatione ad bestias. Gron. 1819. 1.—

437. **Hubert, E.,** La législation belge en matière d'hérésie, depuis Charles V jusqu'à la fin de l'Ancien Régime. Liège, 1906. 1.—

438. **Hubrecht, P. F.,** De jure quod dicitur commentitio apud Romanos. L. B. 1850. 1.—

439. **Huebner, R.,** History of Germanic private law. Transl. by F. S. Philbrick. Pref. and introd. by E. G. Lorenzen, P. Vinogradoff and W. E. Walz. London, 1918. toile. 15.—

440. **Hugo, G.,** Lehrbuch der Geschichte des Röm. Rechts bis auf Justinian. 11e Aufl. Berlin, 1832. 2 vol. (7.20) 1.50

441. —— **Schilling, Fr. A.,** Bemerk. über Röm. Rechtsgeschichte. Kritik über H.'s Lehrb. des Röm. Rechts. Lpz. 1829. d. veau. 1.—

442. **Hulsius, H.,** Jura Guilielmi III restaurat. in regna Angliae Scot., Hibern., etc. ex fonte natur. et divino asserta. L. B. 1697. 4to. cart. 2.—
443. **Hunt, Th.,** Defence of the charter and municip. rights of London and of other municip. cities etc. of England. London, (v. 1680). 4to. 5.—
444. **Huschke, (G.) Ph. E.,** Zwei Abhandlungen a. d. Gebiete der Alterthumswissenschaft und Rechtsgeschichte. Heidelb. 1835. 1.—
445. —— Die Verfassung des Königs Servius Tullius. Heidelb. 1838. Av. table se dépliant. d. veau. (6.60) 2.50
446. —— Das Recht der Publician. Klage in Bezieh. a. d. allgem. deutsche Civilgesetzbuch. Stuttg. 1874. 1.—
447. **Hijmans, I. H.,** Romeinsch verbintenissenrecht. Zwolle, 1917. Av. 1 pl. gr. in-8vo. toile. 8.50
448. —— Romeinsch zakenrecht. Zwolle, 1917. gr. in-8vo. toile. 4.75
449. **Hijmans, L.,** Une société de juristes à Bruxelles au siècle dernier. Brux. 1883. *Extr.* 1.—
450. **Institutionum** forensium Galliae pene totius quae moribus regitur communium ll. IV. Rec. J. I. Rupellanus. Lugd., A. Vincentius, 1542. d. veau écaillé, dos orné. (*Rel. ancienne*). 12.50
451. **Instructien** voor de rechters in de Chambre mi partie, by de koningh van Spaignen, en de St. Generael der Vereen. Nederl. Behels. d'instructie 1652 ende 1653.... De tractaten van vrede (1648), treves (1609), ende marine; mitsg. d'instructien v. d. Grooten ende Hoogen Rade tot Mechelen ende 's-Graven-hage. 's-Grav., Wed. v. H. Izn v. Wouw, 1656. 4to. vél. 7.50

*Dans la même reliure*: **Repertorium** v. d. placaten, octroyen enz. v. d. Hove van Hollandt, 1513—1642, etc. Ibid., J. Verhoeve, 1643.

452. **Jahrbuch, Münchener histor.,** f. 1866. Hrsg. v. d. Histor. Classe d. K. Akad. d. Wissensch. München, 1866. (4.—) 1.50

*Contient*: **C. A. Cornelius,** Der grosse Plan Heinrich's von Frankreich. — **W. von Giesebrecht,** Die Gesetzgebung der römischen Kirche zur Zeit Gregor's VII. — etc.

453. **Jansma v. d. Ploeg, G. L.,** Het Romeinsche regt, n. aanleid. der Instit. 's-Grav. 1851. d. veau. (5.—) 1.50
454. —— De strafregtspleging en het strafrecht der Romeinen in verb. met de ontwikkeling van staat en volk. Amst. 1855. d. veau. (3.20) 1.50
455. **Janssonius, J.,** De origine bonorum possess. eiusque vi in adiuvando supplendo iure Romano hereditario. Gron. 1859. 1.25
456. **Iaudin, G.,** Traité de tesmoings et d'enquestes, par luymesmes traduit en langage vulgaire et maternel: avecq l'annotacion des passages de droit concernants ladite matière. Paris, Jeanne de Marnef, 1546. pet. in-8vo. d. veau. 15.—

Traité très rare. A la fin la curieuse marque de l'imprimeur: „Patere aut abstine; nul ne s'y frote" avec la représentation d'un chardon.

457. **Jenks, E.,** Short history of English law from the earliest times to the end of 1911. London, 1912. toile. 5.—
458. **Jensius, J.,** Stricturae juris Romani redintegratae. Rott., J. D. Beman, 1740. 4to. d. rel. 5.50
459. **Jeny, L.,** L'obligation alimentaire entre parents et aliés dans l'ancienne Rome et en droit français. St. Nicolas, 1876. 3.—
460. **Jhering, R. von,** Das Schuldmoment im röm. Privatrecht. 1867. — **Id.,** Entwicklungsgeschichte des röm. Rechts. 1894. — **R. Windscheid,** Die Actio des röm. Civilrechts. 1856. — Ens. 3 pièces. 1.50

461. **Jonge, W. C. K. Evertsen de,** De delictis contra rempubl. admissis ac praecipue de horum maleficiorum conatu. Ultr. 1845. 2 vol. 5.—
462. **Jonktijs, D.,** De pyn-bank wedersproken, en bematigt. Rott., I. Naeranus, 1651. Av. titre gravé. pet. in-8vo. vél. 15.—
Première édition du premier et principal ouvrage néerlandais, qui réfute la torture.
463. **(Jousse),** Nouv. comment. sur les ordonnances d'août 1669 et mars 1673, etc. Par M***. Paris, 1761. 2 tom. 1 vol. pet. in-8vo. 3.—
464. **Jouvancy, J. de,** De Burgundiae ducis institutione. Paris. 1690. Av. front. pet. in-8vo. veau. 2.50
465. **Jungius, J. H.,** De jure Salinarum. Gott. 1743. 4to. vél. 4.—
466. **Jurisprudentiae anteiustinianae.** Adn. Ph. E. Huschke. Lps. 1861. Av. table. 1.—
467. **Jus nauticum** quod inter Norvegos olim valuit. Lat. redd. et annott. adauxit P. A. Munch. Christian. 1838. 4to. 2.50
468. **Justinianus. — Corpus juris civilis,** ex Pandectis Florent. represent., comment. Accursii e. a. illustr. Lugd. 1569. 5 vol. fol. vél. cordé. 25.—
469. —— —— Même ouvrage. Glossat. ex recens. D. Gothofredi. (Ed. 2a). Lugd. 1604. 6 vol. fol. veau. 75.—
Dernière édition parue sans le titre général.
470. —— —— Même ouvrage. Ed. nova. Amst., Elsevier, 1664. 2 tom. 1 vol. Av. titre gravé. veau. 10.—
Willens, no. 1323. Edition avec la faute.
471. —— —— Même ouvrage. Ed. stereot. 6a. I. Institut. rec. P. Krueger. Digesta rec. Th. Mommsen. Berol. 1893. (6.—) 4.—
472. —— —— Même ouvrage. In 's deutsche übers. Hrsg. von C. E. Otto, B. Schilling und C. F. F. Sintenis. Lpz. 1831—39. 7 vol. cart. 20.—
Le t. I en 2e éd.
473. —— **Institutiones.** Acc. ex Digestis tituli de verborum signific. Amst., Wetstein, 1710. pet. in-8vo. veau. 3.50
Imprimé en rouge et en noir.
474. —— —— Même ouvrage. C. Theophili paraphraseos versio Lat. C. A. Fabroti. L. B. 1761. d. veau. 2.50
475. —— —— Même ouvrage. Nova ed. Lugd. 1782. 3 vol. fol. d. veau, n. r. *Bel ex.* 7.50
476. —— **Institutionum** et regularum juris Rom. syntagma. Ed. R. Gneist. Lps. 1858. gr. in-8vo. d. veau. 1.—
477. —— **Institutes.** Trad. p. Hulot. Paris, 1806. 4to. 2.50
477a. —— —— Même ouvrage. Trad. p. L. Etienne. Aix, 1847, 46. 2 vol. gr. in-8vo. d. veau. 6.—
T. I en 2e éd. augm.
478. —— **Institutionen.** In deutscher Übers. Lpz. 1882. pet. in-8vo. En livr. 1.—
479. —— **Digestum vetus.** (Venetiis), Jenson, (v. 1475). 404 ff. gr. in-fol. veau ancien estamp. (Rel. endomm.) 250.—
Hain, no. 9544 (qui na pas le 1er f. blanc). Proctor, no. 4129. Aucun ex. ne se trouve dans les Etats-Unis de l'Amérique.
Bel ex. sur de beau papier, av. initiales en rouge et bleu. Sur le f. $a_2$ une belle miniature en or et en couleurs, une lettre initiale en 3 couleurs et une armoirie dessinée dans la marge infér. Ex. grand de marges. Les ff. $P_1$ et $P_{10}$ manquent. Une tache dans la marge de qq. ff. Un nom coupé du 1er f. (blanc).
480. —— —— Même ouvrage. Ex Florentinis pandectis. Florent., L. Torrentinus, 1553. 7 tom. 3 vol. gr. in-fol. d. cuir. de Russie, tr. dor. 50.—
La 1re et meilleure édition, „justement regardée comme un chef-d'oeuvre

typographique". (Brunet). Excellent ex. réglé, av. les 8 ff. non chiffrés, qui manquent quelquefois.

481. **Justinianus.** — **Digestorum** s. Pandectarum ll. L. Antv., Chr. Plantin, 1575. 2 vol. fol. vél. 10.—

482. —— —— Même ouvrage. Auct. R. J. Pothier. Paris. 1818—20. 5 vol. 4to. cart. 7.50

482. —— —— Même ouvrage. Ed. Th. Mommsen. Berlin, 1866. Av. 2 pl. de facs. 4to. 4.—

484. —— —— Même ouvrage. Rec. P. Krueger et Th. Mommsen. Berol. 1870. 2 vol. gr. in-8vo. d. veau. (23.75) 17.50

484a. —— —— Pandectes. Trad. du livre XX et du titre VII du livre des Pandectes, avec le texte en regard, suiv. d'un traité succinct du droit de gage et d'hypothèque chez les Romains. Trad. de l'allem. p. C. A. Pellot. Paris. 1840. d. veau. 2.50

485. —— **Arndts, L.,** Lehrbuch der Pandekten. 4e Aufl. München, 1861. gr. in-8vo. d. veau. (7.20 br.) 1.50

486. —— **Assen, C. I.,** Lineamenta extrema iuris privati Iustin. sec. textum Institutionum. Leiden, 1855—58. 3 tom. 1 vol. d. veau. (2.85) 1.25

487. —— **Azo,** Summa super Codicis repetitae proelectiones Justiniani. Spirae, P. Drach, 1482. fol. d. veau. (Rel. endomm.) 120.—

Hain-Copinger, no. 2231. Proctor, no. 2350. Pellechet, no. 1679. Hain-Copinger comptent seulement 315 ff. Pellechet n'a vu que des exx. incomplets. Notre ex. contient 324 ff. y compris le 1er et 23e f. blanc. Le premier f. blanc est monté et la marge supérieure des ff. 2 —4 restaurée. Sauf cela un ex. d'une excellente conservation. Le texte commence par une lettre initiale finement illuminée. La 1re p. (bl.) porte l'inscription en ms. du temps: In valle gracie prope Cliu (le reste manque). Prevenit ex testamento honorabilis domini et egregii magistri Henrici Pennynck artium utriusque iuris doctoris prepositi et archicancellarii Clivensis....

488. —— **Balduinus, F.,** Iustinianus s. de iure novo, comment. Basil., Oporinus, 1560. vél. 6.—

489. —— **Baldus Ubaldus,** Comment. in I et II Infortiati partem; in IV Institut. ll; in IV—XI Codicis ll., A. Imolen. Andr. Barb. Celsi adnotatt. illustr.; Index rerum quae in comment. continentur. Ven. 1585—86. 5 vol. fol. d. vél. (Dos endomm.) 30.—

490. —— **Baron, J.,** Institutionen und Civilprozesz. Berlin, 1884. gr. in-8vo. cart. 1.75

**J. Baron,** Geschichte des Röm. Rechts. I.

491. —— **Brunneman, J.,** Comment. in XII ll. Codicis Justin. Lps. 1679. fol. d. vél. 7.50

492. —— —— Comment. in Pandectas. Recogn. S. Strykius. Ed. 5a. Wittenb. 1701. Av. front. fol. vél. cordé. 7.50

493. —— **Dernburg, H.,** Pandekten. 7e Ausg. Hrsg. von J. Biermann. Berlin, 1902—03. 3 vol. gr. in-8vo. d. veau. (16.65) 5.—

I. Allgem. Teil und Sachenrecht. — II. Obligationenrecht. — III. Familien- und Erbrecht.

494. —— **Faber, I.,** Super Institutu(tionibus). Lugd., J. Berion, 1540. Av. titre en rouge et noir dans une bordure, grav. s. bois. vél. souple. 9.—

494a. —— **Goudsmit, J. E.,** Pandectensysteem. Leiden, 1866, 80. 2 vol. gr. in-8vo. 4.—

494b. —— —— Cours des Pandectes. Trad. du néerland. p. J. Vuylsteke. I. Partie générale. Paris, 1873. gr. in-8vo. 2.50

Tout ce qui a paru.

495. **Justinianus.** — **Gradenwitz, O.**, Interpolationen in den Pandekten. Berlin, 1887. 1.75
496. —— **Gratama, S.**, Praelect. ad prolegomena et part. prim. Institut. Just. Gron. 1818. 2.—
497. —— **Groen v. Prinsterer, G.**, Juris Justinianei praestantia ex ration. ejus manifesta. L. B. 1832. 1.—
498. —— **Hölder, E.**, Institutionen des römischen Rechts. 2e Aufl. Freib. i. B. 1883. 2.—
499. —— **Hommel** redivivus oder Nachweisung der bei den vorzügl. älteren und neueren Civilisten vorkomm. Erklär. einzelner Stellen des Corpus juris civilis. Hrsg. von Th. Schimmelpfeng. Cassel, 1858—59. 3 vol. d. veau. 10.—
500. —— **Huber, U.**, Digressiones Justinianeae. Franeker, J. Gyselaar, e.a., 1668. 4to. vél. cordé. 5.—
501. —— **Irnerius**, Summa Codicis. M. Einleit. von H. Fitting. Berlin, 1894. (9.—) 5.—
502. —— **Keller, F. L. von**, Pandekten. Vorlesungen. Lpz. 1861. gr. in-8vo. d. veau. (10.80) 2.50
503. —— —— Même ouvrage. Lpz. 1867. 2 vol. gr. in-8vo. 5.—
504. —— **Kling, M.**, In Institutionum juris Justiniani enarrationes. Lugd., G. Rovillius, 1557. d. veau. (Taché d'eau). 4.50
505. —— **Mühlenbruch, C. F.**, Doctrina Pandectarum. Ed. 4a. Halae, 1838. 3 vol. gr. in-8vo. cart. (7.20) 4.—
506. —— **Ortolan, J. L. E.**, Explication histor. des Instituts de Justinien. 6e éd. Paris, 1857. 3 vol. d. rel. (11.25) 3.50
507. —— —— Même ouvrage. 12e éd. augm. p. J. E. Labbé. Paris, 1883. 2 vol. gr. in-8vo. (9.—) 5.—
508. —— **Pothier, R. J.**, Pandectae Justinianeae in novum ordinem Digestae. Paris. 1825. 5 vol. 4to. cart. 6.—
Taches de papier.
509. —— **Recht, J. L. H.**, Justinian's Institutionen. Buch I. Von den Personen, welches Buch in diesem Büchlein zu deutsch ist gegeben in zierl. Reimlein. Oldenb. 1842. pet. in-8vo. 1.—
510. —— **Ruggieri, O.**, De obligationibus. Praelectiones ad Pandectas. Romae, 1872. gr. in-8vo. 2.—
511. —— **Scheurl, G. A. von**, Lehrb. der Institutt. 6e Aufl. Erlangen, 1873. rel. 1.—
512. —— **Schulz, F.**, Einführ. in das Studium der Digesten. Tüb. 1916. 1.—
513. —— **Sell, K.**, Vorlesungen der Institutionen des röm. Rechts. Bonn, 1871. 0.75
514. —— **Sutro, S.**, Leerboek der Instituten. Tiel, 1872—83. 3 vol. toile. 3.50
515. —— **Vangerow, K. A. von**, Lehrbuch der Pandekten. Marburg, 1863. 3 tom. 4 vol. d. rel. (19.80) 9.—
516. —— **Voet, J.**, Comment. ad Pandectas. L. B. 1698. 2 vol. fol. vél. 15.—
517. —— —— Comment. on the Pandects. Books XXX, XXXI, XXXII. Legacies and fidei commissa. Transl. by W. P. Buchanan. Capetown, 1902. (5.10) 3.—
518. **Justitia** possessionis Palatinae super Caesaris insula vulgo Kaysers-werth et appertin. Wetzl. 1708. 4to. 1.—

519. **Kalthoff, I. H.,** Ius matrimonii veterum Indorum, c. eodem Hebraeorum iure subinde compar. Bonn. 1829. toile. 1.50

520. **Kan, J. v.,** Het Romeinsche recht als juridische propaedeuse. Haarlem, 1915. *T. à p.* 0.75

521. **Kappeyne v. d. Coppello, J.,** Civilis et naturalis possessio. — De leer van Papinianus nopens het verlies van bezit. — Constituta pecunia. — De comitia. — etc. 1880—84. Ens. 6 pièces. *Extr.* 3.—

522. —— Abhandl. z. Röm. Staats- und Privatrecht. N. d. Holländ. von M. Conrat. Stuttg. 1885. 2 pièces. 2.50

523. **Kappeyne v. d. Coppello, N. I. B.,** Observatt. crit. in auctores veteres Graecos. (I). Noviom. 1850. — Miscellanea critica. Amst. 1858. — Observat. collecticiae. Gand, 1871. *Extr.* 1.50

524. **Karlowa, O.,** Der römische Civilprozess zur Zeit der Legisactionen. Berlin, 1872. (3.60) 2.50

525. —— Römische Rechtsgeschichte. Lpz. 1885, 1901. 2 vol. gr. in-8vo. d. rel. (42.—) 26.—

526. **Karsten, H. F.,** Inkomsten en uitgaven v. d. Romeinschen Staat. I. (De Republiek). Leiden, 1880. 1.—

527. **Kelemen, E.,** Historia juris Hungarici privati documentis, ac testimoniis ill. Budae, 1818. — **Id.,** Institut. juris Hungarici privati. Ed. 2a. Budae, 1818. 3 vol. — Ens. 4 vol. Av. portrait. 10.—

528. **Keller, F. L. von,** Der Römische Civilprocess und die Actionen in summar. Darstellung. 2e Ausg. Lpz. 1855. pet. in-8vo. toile. (2.10) 1.—

529. —— Même ouvrage. 6e Ausg. von A. Wach. Lpz. 1883. pet. in-8vo. *Très rare.* 12.—

530. —— **Erinnerung** an F. L. Keller. München, 1861. *Extr.* 0.50

531. **Kemp, C. M. v. d.,** Het regt der XII tafelen m. betrekk. tot de regten van personen en erfopvolging. 1835. *Extr.* — **J. T. F. v. Oordt,** Lex XII tabularum toegelicht. 1841. — Ens. 2 pièces. 1.—

532. **Kemp, J. C. v. d.,** De eo, qui delinquentis est socius. L. B., S. et J. Luchtmans, 1790. 4to. veau marbré, orné, tr. dor. 4.—

533. **Kemper, D. Th.,** De officio legislatoris circa torturam. L. B. 1788. 4to. 1.—

534. **Kenny, C. S.,** History of the law of England as to the effects of marriage on property and on the wife's legal capacity. London, 1879. toile. (3.25) 2.50

535. **Kervyn de Lettenhove,** Programme d'un gouvernement constitut. en Belgique au XVe siècle. (1862). — Le procès de R. d'Artois. S. d. — Ens. 2 pièces. *Extr.* 1.50

536. **Keuchenius, L. G. Th.,** De donationibus propter nuptias romanis. Dordr. 1842. 1.—

537. **Keure, De,** van Hazebroek van 1336. M. aanteek. en gloss. d. E. Gaillard. Gent, 1894—1905. 5 vol. 10.—

538. **Keyserrecht, Das,** n. d. Hs. von 1372, hrsg. von H. E. Endemann. Cassel, 1846. Av. pl. 1.25

539. **Kipp, Th.,** Erörter. z. Geschichte des römischen Civilprocesses u. d. interdictum quorum bonorum. Halle, 1889. gr. in-8vo. *Extr.* 1.—

540. **Kist, N. C.,** De verweerder in het eigendomsproces naar Rom. recht. Leiden, 1914. gr. in-8vo. 2.—

541. **Kleinschrod, G. F. E.,** Über L. 27 dig. de rebus creditis, m. bes. Bezieh. auf Darlehen an Gemeinden. Heidelb. 1851. 1.75
542. **Klenkok, J.,** Decadicon contra XXI errores Speculi Saxonum. Uitg. n. een hs. te Utrecht m. inleid. d. B. J. L. de Geer. Amst. 1882. *Extr.* 1.—
543. **Kluit, A.,** Het misbruik van 't algemeen staatsrecht.... Leiden, Luzac en v. Damme, 1787. 1.50
544. **Kniep, F.,** Vacua possessio. Jena, 1886. T. I (seul paru). (6.—) 3.—
545. **Knipschildt, Ph.,** Tractatus de fideicommissis familiarum nobilium, von Stamm-Gütern. Ed. nova. Aug. Vind. 1750. 4to. d. veau. *Très rare.* 25.—
546. **Knoll, I. D.,** De Sueviae tribunali S. R. I. Austriaco. Hallae, 1725. 4to. 2.25
547. **Koch, D.,** Bonorum possessio. Litterar. Testament n. Comment., Revis. und Codicill. Giessen, 1799. 1.—
548. **Koenigswarter, L. J.,** La législation des peuples anciens et modernes, rel. aux enfants nés hors mariage. Paris, 1843. 1.25
549. **(Kofod Ancher, P.),** De indole juris privati pro habitu imperii Danico-Norvegici. Hafnia, 1765. 4to. d. rel. 4.50
550. **Kohler, J.,** Shakespeare vor dem Forum der Jurisprudenz. 2e Aufl. Berlin, 1919. Av. portr. (370 pp.). (11.70) 5.—
551. **Kolderup-Rosenvinge, J. L. A.,** Grundriss der dänischen Rechtsgeschichte. A. d. Dän. von C. G. Homeyer. Berlin, 1825. cart. 3.50
552. **Koning, A. H.,** Testamentsvormen volgens Romeinsch en Germaansch regt. Gron. 1864. 1.25
553. **Kooiman, C. L.,** Fragmenta juris antiquissimi. Utr. 1893. 1.—
554. **Kopp, C. Ph.,** Die Verfassung der heimlichen Gerichte in Westphalen. Hrsg. von U. F. Kopp. Gött. 1794. 1.75
555. **Kornmann, H.,** De virginitatis jure tractatus novus et jucundus. — **Id.,** Linea amoris. — Virginopoli, 1631. Av. grav. s. bois sur le titre. 12mo. vél. 7.50

Marque de bibliothèque sur le titre.

556. **Krause, A.,** Die „Transmissio ex capite in integrum restitutionis". Berlin, 1880. 1.—
557. **Kretschmar, P.,** Entwickelung der Kompensation in römischen Rechte. Lpz. 1907. 1.—
558. **Kriegs-Verordnungen, Eines Schwäbis Crayses alte und neue,** und Reglementen. Stuttgart, 1696. fol. 5.—
559. **Krones, F. von,** Verfassung und Verwaltung der Mark und des Herzogthums Steier von ihren Anfängen b. z. Herrschaft der Habsburger. Graz, 1897. d. veau. 4.50

Forschungen z. Verfass. und Verwalt. gesch. der Steiermark. I.

560. **Krüger, F.,** De veterum in Germania provincialium ordinum ordine atque natura. Gött. 1841. 0.75
561. **Kuhlenbeck, L.,** Die Entwicklungsgeschichte des römischen Rechts. München, 1910, 13. 2 vol. 7.50
562. **Kuhn, E.,** Die städtische und bürgerl. Verfassung des Römischen Reichs b. a. Justin. Lpz. 1864, 65. 2 tom.1 vol. gr. in-8vo. d. veau. 3.50
563. **Laband, P.,** Die jurist. Natur der Lebens- und Rentenversicherung. — **F. P. Bremer,** Handelsrecht- und-politik im Anfang der röm. Kaiserzeit. — **R. Sohm,** Zur Geschichte der Auflassung. Strassb. 1879. 1.25

564. **Lacroix, A.,** Guerre de Jean d'Avesnes contre Valenciennes, 1290—97, et mémoire sur l'histoire, la juridiction etc. de Mons et de Valenciennes, 11e—18e siècle. Brux. 1846. 3.50
Tiré à 200 exx.

565. **Laferrière, F.,** Histoire du droit civil de Rome et du droit français. Paris, 1846—58. 6 vol. gr. in-8vo. d. vél. *Bel ex.* 20.—
Rare.

566. —— Histoire des principes, des institut. et des lois de la Révolution Française. Paris, 1850, 51. 0.75

567. **Lamberts Hurrelbrinck, P. H. L.,** De wetgeving der twaalf tafelen in het licht v. d. Romeinschen godsdienst. 's-Grav. 1918. 3.—

568. **Landtagsakten, Hessische.** Hrsg. von H. Glagau. Marburg, 1901. T. I (1508—21). 6.—
Tout ce qui a paru.

569. **Landtrecht, Dat Oistfriesche.** Uitgeg. d. P. v. Musschenbroek. Utr. 1810. 1.50

570. **Langenbeck, H.,** Anmerk. über das Hamburg. Schiff- und See-Recht, wie .... (im) Stadt-Buch enthalten, und die Rechte der Admiralität, Assecurance, Avarië, Pilotage, des Schiff-Baues, der Strand- und Bergung.... der Grönländ. Fahrt. 2e Aufl. verm. Hamburg, 1740. 4to. d. vél. 15.—
*Dans la même reliure*: **Der Stadt Hamburg** Assecuranz- und Haverey-Ordnung. Hamburg, 1731.

571. **La Roche, B. de,** Treze livres des Parlemens de France, esquels est amplement traicté de leur origine et institution, et des presidens, conseillers.... et de leur charge, devoir, et jurisdiction; ensemble de leurs rangs, seances, gages, privileges, etc. Bourdeaus, 1617. fol. veau. 20.—

572. **(La Rochefoucauld-Liancourt),** Des prisons de Philadelphie, (par un Européen). 2e éd. augm. de renseignements sur l'administration économique de cette institution et sur les moyens d'abolir en Europe la peine de mort. Amst. 1799. 3.—

573. **La Sarraz de Franquesnay, J. de,** Le ministre public dans les cours étrangères. Amst. 1731. 12mo. veau. 8.—

574. **La Thaumassière, G. Th. de,** Nouv. comment. sur les coutumes générales des pays et duché de Berri. Nouv. corr. rev. et augm. de la Traité du franc-aleu de Berri. Bourges, 1701. fol. veau. 12.—

575. **Lauhn, B. F. R.,** Die Frohndienste der Teutschen. Weissenfels, 1795. cart. 2.—

576. **Laurentius, J. G.,** Von den Kriegsgerichten der alten Deutschen. Gotha, 1753. pet. in-8vo. d. vél. 4.50

577. **Lauriere, E. de,** Dissertat. sur le tenement de cinq ans, cette prescription ne doit plus être pratiquée dans l'Anjou, le Maine, la Tourraine et le Loudunois. Paris, 1698. veau. 5.—
*Dans la même reliure*: **Bullae** paparum de censibus. S. l. (1592). — **Arrest** du parlement de Paris. S. l. (1688).

578. **Laurillard, I. J. M.,** Het devolutie-regt in het hertogdom Brabant. Leyden, 1855. toile. 1.—

579. **Laws and institutes, Ancient,** of England, compr. laws enacted under the Anglo-Saxon kings from Aethelbirth to Cnut.... also Monumenta ecclesiastica Anglicana from the 7th to the 10th century and the ancient

latin version of the Anglo-Saxon laws. II. Ecclesiastical laws, etc. London, 1840. gr. in-8vo. toile. 7.50

580. **Le Caron, L. Ch.,** Mémorables, ou observat. du droict francois rapporté au romain, civil et canonic. Paris, 1601. 4to. vél. souple. 7.50

581. —— Responses du droict françois, confirm. par arrests des cours souver. de France et rapp. aux loix Romaines. Rev. corr. et augm. Lyon, 1602. 4to. vél. souple. 15.—

*A la fin:* Coustumes de la prévosté et vicomté de Paris. De censives et droits seigneuriaux. Av. annot. de L. Ch. Le Caron.

582. **Le Clercq, O.,** Le droit romain dans ses rapports avec le droit français et les principes des deux législations. Liège, 1810—12. 8 vol. d. rel. 12.—

583. **Lee, G. C.,** Histor. jurisprudence. Introd. to the systematic study of the development of law. N. York, 1900. 7.50

584. **Leeuwen, S. v.,** Censura forensis theoret. practica, i. e. totius juris civilis method. coll. Rec. G. de Haas. L. B. 1741. 2 tom. 1 vol. fol. d. veau. 7.50

585. **Le Febure, L. Ch.,** Traité des fiefs et de leur origine. Paris, 1662. fol. vél. 10.—

586. **Lefort, J.,** Les institutions et la législation des Gaulois. Paris, 1881. 0.75

**Legis Romanae Wisigothorum.** — Voyez le no. 603.

587. **Legis Rubriae** pars superstes ad fidem aeris Parmensis exemplo lithographo experim. cur. Fr. Ritschelius. Berol. 1851. Av. 1 pl. 4to. d. veau. 1.25

588. **Législation** des travaux publics de l'état et des communes, des mines et des chemins de fer dans le grand-duché de Luxembourg (1669—1876). Recueil complet des lois, décrets, etc. publ. p. P. Ruppert. Luxemb. 1876. gr. in-8vo. Plein mar. rouge. 10.—

589. **Legislacion ultramarina.** Concord. y anot. p. J. Rodriguez San Pedro. Madrid, 1856—69. 16 vol. pet. in-fol. br. 80.—

Contient la législation des colonies espagnoles depuis les anciens temps, 1493, jusqu'à 1868, en ordre systémat. Le t. XIV forme les tables chronolog. et alphabét.

Les marges d'un vol. sont plus courtes que celles des autres.

590. **Leist, B. W.,** Die bonorum possessio. Geschichtl. Entwicklung und heutige Geltung. Gött. 1844, 48. 2 tom. 1 vol. d. veau. (9.—) 2.50

591. —— Dogmat. Analyse römischer Rechtsinstitute. Jena, 1854. 1.—

592. —— Mancipation und Eigenthumstradition. Jena, 1865. cart. 6.—

593. —— Graeco-italische Rechtsgeschichte. Jena, 1884. d. rel. 10.—

594. **Le Merre, P.,** Justific. des usages de France sur les mariages des enfans faits sans le consentement. Paris, 1687. pet. in-8vo. veau. 3.50

595. **Leo, H.,** Entwickelung der Verfassung der lombard. Städte b. z. Ankunft Kaiser Friedrich I in Italien. Hamb. 1824. 1.50

596. **Leonhard, R.,** Der Irrthum bei nichtigen Verträgen n. römischem Rechte. Berlin, 1882, 83. 2 vol. (4.80) 1.75

Av. qq. annotat.

597. —— Roms Vergangenheit und Deutschlands Recht. Lpz. 1889. 1.50

598. **Lerminier, E.,** Introduction génér. à l'histoire du droit. Brux. 1836. d. rel. 1.—

599. **Lettres patentes** du Roy sur l'establissement d'une chambre de Justice, pour la recherche, etc. des abus.... commises au faict de ses finances. Paris, 1648. 4to. 2.50

600. **Lettres patentes,** Arrests de la Cour du Parlement, Mémoires, etc. concern. le service des monts de piété, 1777—1882. Paris, 1777—1882. 25 pièces. En 1 vol. 4to. d. veau. 20.—

601. **Lewald, H.,** Das Römisch-Ägypt. Grundbuchrechts. Lpz. 1909. (2.10) 1.—

602. **Lex Romana** Visigothorum. Instr. G. Haenel. Lps. 1849. gr. in-4to. d. rel. *Epuisé.* 25.—

603. **Legis Romanae Wisigothorum** fragmenta ex codice palimpsesto Sanctae legionensis ecclesiae ed. Regia Historiae Academia Hispana. Matriti, 1896. fol. 20.—

Contient, en facs., avec la transcription imprimée: Codicis Theodosiani libri IV—XVI. — Novellarum Divi Theodosii Augusti. — Novell. D. Valentiniani Aug. — Leges Novell. D. Martiani Aug. — Liber legum Novell. D. Mariorani Aug. — Novellae D. Severi Aug. —Gaii Inst. libri II. —Pauli Sententiarum libri III, IV, 1—5.

604. **Lex Salica:** the ten texts with the glosses and the lex emend., ed. by J. H. Hessels, with notes on the Frankish words by H. Kern. London, 1880. 4to. toile. *Epuisé.* 45.—

Meilleure édition de la Loi salique. Les annotat. du Prof. H. Kern donnent à cette édition une grande valeur du point de vue linguistique.

Qq. pages av. annotat. mss.

605. **Libro** de las leyes, privilegios y provisiones reales del Conceio de la mesta general, etc. Madrid, 1681. fol. Sans reliure. 25.—

La mesta general est la société des propriétaires de troupeaux de bétail.

606. **Liste** de documents concern. les coutumes, trouvés aux Archives du Royaume. Brux. 1862. *Extr.* 0.60

607. **Liste** des droits des quatre membres de Flandres, tirées des ordonnances. — **Instruction** pour la levée des impositions à l'entrée de Flandres. — Lille, 1699. 2 tom. 1 vol. vél. 3.50

608. **Liste chronolog.** des édits et ordonnances des Pays-Bas. Règne de Charles V (1506—55). Brux. 1885. 2.50

609. **Liste chronolog.** des édits et ordonnances des Pays-Bas autrichiens, 1700—50. Brux. 1851. d. veau, n. r. 1.75

610. **Liste chronolog.** des édits et ordonnances de la principauté de Liège, 1507—1684. Brux. 1860. 1.75

611. **Liste chronolog.** des édits et ordonnances de la principauté de Stavelot et de Malmedy, 650—1794. Brux. 1852. 2.—

612. **Lochner, J. M. F.,** Otia d. i. verschied. zur Jurispr. und Litteratur gehör. Materien. Nebst Schwarzens Vom Ursprung der Landes Hoheit teutscher Fürsten. Nürnb. 1751. pet. in-8vo. d. veau. 5.—

Von dem iure guardiae. — Von der insinuatione donationis. — Von mündl. Testamenten. — Ad leg. Rhod. de iactu. — etc.

613. **Loi** de Vestrogothie (Codex antiquior). Trad. et annot. p. L. Beauchet. Paris, 1889. *T. à p.* 4.—

614. **Loisel, A.,** Divers opuscules tirez des mémoires. Auquels sont joints ouvrages de B. du Mesnil, P. Pithoy e. a. Rec. p. Cl. Joly. Paris, 1656. 4to. veau. *Rare.* 24.—

615. **Loix,** chartes etc. du chef-lieu de la ville de Mons. Et des villes et villages y resortissans av. decrets en dépendans, et mesures des terres et bois. Mons, 1695. pet. in-8vo. veau. 5.—

616. **Louet, G.,** Recueil d'aucuns notables arrests, donnez en la cour de Parlement de Paris. Nouv. éd. revue p. J. Brodeau. Brux. 1692. 2 tom. 1 vol. fol. veau. (Rel. endomm.) 12.—

617. **Louis,** Mémoire contre la légitimité des naissances prétendues tardives. Av. suppl. Paris, 1764. — **Id.,** Mémoire sur.... les principes pour distinguer, à l'inspection d'un corps trouvé pendu, les signes du suicide d'avec ceux de l'assassinat. Paris, 1763. — En 1 vol. veau. 2.—

618. **Lov, Norske,** Kong Christian den Ferntes, af 15e April 1687. Udg. af O. Mejlaender. Christiania, 1883. veau. 1.25

619. **Lovbog, Kong Christian den fjerdes Norske,** af 1604. Udg. af Fr. Hallager og Fr. Brandt. Christiania, 1855. Av. portr. 2.50

620. **Love, Norges gamle,** indtil 1387, udg. ved R. Keyser og P. A. Munch. Christiania, 1846—49. 3 vol. pet. in-fol. cart. 12.—

621. **Luden, K.,** Die Lehre von den Servituten. 1837.— Das Retentionsrecht. 1839. — Ens. 2 pièces. cart. 2.—

622. **Ludewig, J. P.,** Opuscula miscella juris publici, feudalis, privati civilis cum germanici, tum romani, historiae, philosoph., juris canonici et eccles., different. juris romani et germanici. Halae Magdeb. 1720. 2 vol. Av. front., portr. et pl. fol. veau, dos doré. 15.—

623. —— De jure clientelari Germanorum in feudis et coloniis. Ed. 2a. Halae, 1737. 4to. d. veau. 3.50

624. —— De Germania principe postcarolingica sub Conrado I (911 919). Halae, 1756. 4to. 1.—

625. **Lunteren, S. A. v.,** Overzicht van de geschied. der Romeinsche en Oud-Nederl. rechtsvorming. Gron. 1924. gr. in-8vo. br. 4.90

626. **Maanen, G. A. G. v.,** De supr. Mechliniensi concilio, praem. observ. general. de antiq. institutis, praes. iudiciariis ap. Germanos et Francos. Ultr. 1824. 1.—

627. **Maasburg, M. F. von,** Zur Entstehungsgeschichte der Theresianische Halsgerichtsordnung. Wien, 1880. 0.75

628. **Mably, Abbé, G. B. de,** Oeuvres. Paris, 1795. 15 vol. Av. portrait. veau. (Les plats frottés). 24.—

*Contient e. a.:* Le droit public de l'Europe, fondé sur les traités. — Du gouvernement et des lois de Pologne, des Etats Unis de l'Amérique. — etc.

629. —— De la législation ou principes des loix. Amst. 1776. 2 vol. pet. in-8vo. 6.—

630. —— Des droits et des devoirs du citoyen. Kell, 1790. veau. 4.50

*Dans la même reliure:* **Nicolès,** Entretiens de Phocion sur le rapport de la morale avec la politique. Trad. du grec p. de Mably. Nouv. éd. Avignon, 1793.

631. **Mackeldey, F.,** Introd. à l'étude du droit romain. Trad. de l'allem. p. L. Etienne. Revue p. L. A. Warnkoenig. Mons, 1826. 1.—

632. —— Manuel de droit romain. Trad. de l'allem. p. J. Beving. 3e éd. Brux. 1846. gr. in-8vo. d. rel. 3.50

633. **Madai, C. O. von,** Die Lehre von der Mora n. röm. Rechte. Halle, 1837. gr. in-8vo. (3.60) 1.75

634. **Madvig, J. N.,** Die Verfassung und Verwaltung des römischen Staates. Lpz. 1881, 82. 2 vol. gr. in-8vo. (16.80) 6.—

635. **(Magen, N.),** Versuch über Assecuranzen, Havereyen und Bodmereyen nebst einer Sammlung der vornehmsten alten und neuen Verordnungen. Hamburg, 1753. En 2 vol. 4to. d. bas., n. r. 18.—

*Contient e. a.:* Von Uebersegelung. — Von Ristorno. — Wie bey einer verlohrner Spànischen Silber-Flotte die Unkosten vertheilet worden. — Werth der spanischen Westindischen Gelder und Waaren in London. — Verlust einer West-Indischen Prise. — Florentin. Gesetze von 1523. — Ordonnantie op 't stuck van asseurantien der stadt Middelburg, 1689, Rotterdam, 1721, Amsterdam, 1744. — Der Stadt Hamburg Assecuranz- und Haverey-Ordnung. — Kgl. schwedischen Assecuranz-Ordnung. — Der Kopenhagenschen Kgl. octroyrten Assecuranz-Compagnie Vergleich, 1746. — Englische Police auf Güter. — Von Versicherung auf Lottereyen. — Idem auf das Leben. — etc.

636. **Maine, H. S.,** Ancient law, its connection with the early history of society, and its relation to modern ideas. 3d ed. London, 1866. toile. 4.—

637. —— Lectures on the early history of institutions. London, 1875. toile. 6.—

638. —— Dissertat. on early law and custom. New ed. London, 1891. gr. in-8vo. toile. 6.—

Sacred laws of the Hindus. — Theories of primitive society. — The decay of feudal property in France and England. — Classification of property. — Classification of legal rules. — etc.

639. **Maitland, F. W.,** English law and the renaissance. Cambr. 1901. toile. 1.50

640. **Majansius, Greg.,** Disputat. juris. L. B., P. v. d. Eyk et C. de Pecker, 1752. 2 vol. 4to. vél. 5.—

641. **Majer, J. C.,** Germaniens Urverfassung. Hamburg, 1798. d. veau. 1.—

642. **Mandement** et instruction pastorale de l'archevesque Duc du Cambray au sujed des écrits: Consultation des avocats du Parlement de Paris, au sujet du jugement rendu à Embrun, contre l'évêque de Senez. — Mémoires pour Samson, curé d'Oliver, Couet, curé de Darvoi, Gauchez, chanoine de Jargeau, etc. sur l'effet des arrêts des Parlemens, en matière d'appel comme d'abus des censures ecclésiastiques. — **Vie** de M. de Pâris, diacre (en 3e éd.). — Paris, 1730—32. Ens. 3 tom. 1 vol. 4to. veau. 7.50

*Dans la même reliure*: **Extrait** des témoignages de l'église universelle en faveur de la bulle Unigenitus par le duc de Cambray.

643. **Mandl, M.,** Das Sklavenrecht des Alten Testament. Hamburg, 1836. 1.—

644. **Mandowsky, O.,** Hundert Stellen a. d. Corpus juris. Breslau, 1885. 1.—

645. **Manns, F.,** Von der mora. Ein Fragment. Frankf. 1878. 0.75

646. **Manson, S. L.,** De legislatura Mosaica, quantum ad hygieinen pertinet. H. C. 1835. 1.—

647. **Mantzel, E. J. F.,** Neue Mecklenburg. Staats-Kanzley z. Kenntnisz der Mecklenb. Staats-Verfassung und Rechts-Gelehrsamkeit. Rostock, 1791—1800. 3 vol. d. veau et br. 7.50

648. **Manuel** judiciaire criminel, recueil des décrets, rendus par les Assemblées Constitutionnelles et par la Convention. Paris, (1794). 2 tom. 1 vol. d. veau. 3.—

649. **Marckart, J. W.,** Exercit. acad. cum publici tum privati juris. Harderv., W. Brinkink, 1751. 4to. vél. 4.50

*Contient e. a.*: De suffragio et archiofficis electorali reginae Bohemiae.

650. **Marion, M.,** Dictionnaire des institutions de la France au XVIIe et XVIIIe siècles (l'Ancien Régime). Paris, 1923. gr. in-8vo. 5.25

651. **Marmol, E. del,** De l'influence du règne de Charles V sur la législation et sur les institutions politiques de la Belgique. S. l. 1838. 4to. 1.50

652. **Marquardsen, H.,** Der Prozess Manning, zur Veranschaulichung der englischen Strafverfahrens. 1850. — Über Haft und Burgschaft bei den Angelsachsen. 1852. — Ens. 2 pièces. 1.50

653. **Marquardt, J.,** Tractatus polit.-juridicus de jure mercatorum et commerciorum singulari. Francof., Th. M. Götzius, 1662. 2 tom. 1. vol Av. front. (monté). fol. vél. 100.—

Ouvrage extrêmement important pour l'histoire du droit commercial dans tous les pays, conten. des articles rel. au commerce des Indes et aux différ. Compagnies. Presque tous les documents originaux, qui ont servi à l'auteur, sont aujourd'hui perdus.

Le t. II contient e.a.: Privilegium Friderici I. Königs in Dennemarcken den Wendischen Staten ertheilet. — Privilegium Suecicum Gustavi I regis vor den Lübeckern und Dantzigern erworben. — Ordnung des in Ruszland residir. Kaufmanns. — Vertrag der Stadt Antwerpen, mit denen da selbst residir. Kaufherren. — Tractat zw. Portugal und den Staaten-General. — Argonautica Gustaviana c. Extractu W. Wsselincx (publié 1633). (168 pp.). — Privilegia der West-Indischen Compagnie nacher Muscovien. — Uhraltes Wisbuysches See-Recht. — etc.

Devenu rare.

654. **Marquardt, J.,** Römische Staatsverwaltung. Lpz. 1873—78. 3 vol. d. rel. 4.50

655. —— Même ouvrage. 2e Aufl. Lpz. 1881. T. I. 1.50

656. **Martens, G. F. von,** Ursprung des Wechselrechts. Beytr. z. Geschichte des Handels des Mittelalters. Nebst Samml. italien., spanischer, portugis. und englischer Wechselgesetze. Gött. 1797. d. rel. 4.50

657. **Martinez, D. F.,** Het recht, domaniael van S. M. in desen hertogdomme van Brabant. Brussel, 1729. 2 vol. d. veau. 4.50

658. **Martitz, F. von,** Das eheliche Güterrecht des Sachsenspiegels und der verwandten Rechtsquellen. Lpz. 1867. cart. 3.—

659. **Marzarius, F.,** Fideicommissariae materiae tractatus. Col. Agripp., J. Gymnicus, 1588. pet. in-8vo. 4.50

660. **Maschke, R.,** Der Freiheitsprozess im klassischen Altertum, insbes. der Prozess um Verginia. Berlin, 1888. (3.60) 1.50

661. **Masuer,** La practique. Mise en français, rev. et av. annotat. p. A. Fontanon. 3e éd. Paris, S. Nivelle, 1581. 4to. vél. 12.—

662. **Mauléon, Loyseau de,** Plaidoyers et mémoires. Londres, 1780. 3 vol. veau marbré. *Bel ex.* 7.50

663. **Maurer, G. L. von,** Geschichte der Markenverfassung in Deutschland. Erlangen, 1856, cart. 4.50

664. **(Mauvillon, E. de),** Le droit public germanique. Amst., P. Mortier, 1749. 2 vol. pet. in-8vo. veau. 3.50

665. **Mayer, O.,** Die Justa Causa bei Tradition und Usukapion. Erlangen, 1871. d. rel. (3.60) 1.50

666. **Meerman, G.,** De rebus mancipi et nec mancipi, eorumque mancipatione. L. B. 1741. 4to. 1.25

667. —— Novus thesaurus juris civilis et canonici. Cont. varia et rarissima optimorum interpr. impr. Hispanorum et Gallorum opera, tam edita quam inedita. C. Suppl. ed. J. L. B. de Meerman. H. C. 1751—80. 8 vol. fol. vél. (le dernier vol. d. rel.) 90.—

Ex. avec le très rare Supplément, publ. 30 ans plus tard.

668. **Meibomius, J. H.,** Hippocratis Magni orkos s. jus jurandum. L. B., I. Lauwiickius, 1643. 4to. 1.50

669. **Meinders, H. A.,** Gedancken und Monita, wie mit denen Hexen-Processen und der Zauberey in Preuss. und Brandenburg. Landen zu verfahren. Lemgo, 1716. 4to. 5.—

670. **Menzel, V.,** Die Entstehung des Lehnswesens. Berlin, 1890. 1.—

671. **Merêa, M. P.,** Estudos de história do direito. Coimbra, 1923. 2.25

672. **Mering, F. E. von,** Beitr. z. Geschichte der ehemal. Churkölnischen und Alt-Stadtköln. Verfassung bis 1798. N. Anh. über die Frei- und Vehmgerichte. Köln, 1830. 1.—

673. **Meurer, N.,** Jag- und Forst-Recht, d. i. Underricht wie Chur- und Fürstl. Lande Gebiet und Verhawung der Wälde, auch Fischereyen in Ordnung zuhalten. Mit einer lustigen Jäger-kunst, Weydspruchen und jägerischen Dialogis. Franckf. 1643. fol. 15.—

674. **Mevius, D.,** Comment. in ius lubecense. Francof. 1664. fol. d. vél. 15.—

Pp. 217 etc.: Der Erbaren Hansee - Städte Schiffs - Ordnung und See-recht.

675. **Michaëlis, J. D.,** De huwelyks-wetten van Moses die de huwelyken in de naaste bloedverwantschap verbieden. U. h. Hgd. Leyden, 1764. 1.—

676. **Michelet, (J.),** Origines du droit français. Paris, 1837. d. veau. 3.—

677. **(Mirabeau, H. G. de),** Des lettres de cachet et des prisons d'état. Hambourg, 1782. 2 vol. cart. 7.50

678. **Mispoulet, J. B.,** Manuel de textes de droit romain, compren. les institutes de Justinien et de Gajus. Paris, 1890. (3.—) 1.50

679. **Mitteis, L.,** Reichsrecht und Volksrecht in den östl. Provinzen des römischen Kaiserreichs. Lpz. 1891. d. rel. 4.—

680. —— und **U. Wilcken,** Grundzüge und Chrestomathie der Papyruskunde. II. Jurist. Teil. Lpz. 1912. 2 vol. gr. in-8vo. toile. (14.40) 10.—

681. **Mitton, F.,** (F. de Valmondois), Torteurs et supplices à travers les ages. Paris, 1908. Av. 1 pl. *Epuisé.* 2.—

682. **Modderman, W.,** Receptie v. h. Romeinsche regt. Gron. 1874. 1.25

683. —— Die Reception des Römischen Rechts. Übers. m. Zusätzen von K. Schulz. Jena, 1875. 0.75

684. —— **H. L. Drucker** en **P. A. Tichelaar,** Handboek v. h. Romeinsche recht. 5e herz. dr. Gron. 1913. 3 vol. gr. in-8vo. toile. 24.—

685. **Molina, L. de,** De Hispanorum primogeniorum origine ac natura. Ed. 2a. Col. 1601. fol. vél. 6.—

686. **(Molloy, Ch.),** De jure maritimo et navali, or treatise of affairs maritime, and of commerce. 2d ed. London, 1677. Av. front. veau. (Dos légèr. endomm.) 20.—

Contains chapters on pyracy, privateers or capers, treaties of truce and neutrality, the right of delivering of persons fled for protection, freight, charter-parties, demorage, pollices of assurance, pylots, money advanced by way of bottomry, aliens, planters, merchants, factors, naturalization and denization, etc., etc.

„was the standard work on the subject till superseded by the publications of J. A. Park a.o.''

687. **Moltzer, H. E.,** De ratione qua ex auctorit. Alarici II, regis Visigothorum, Gaii Institutt. comment. in epitomen red. sunt. L. B. 1862. 1.—

688. **Mommsen, Th.,** Die Stadtrechte der latin. Gemeinden Salpensa und Malacca in der Provinz Baetica (und Nachtrag). Lpz. 1855. 4to. *T. à p.* 2.—

689. —— Ad capita duo Gelliana (l. IV. c. 1. IV). S. l. (v. 1860). 4to. *T. à p.* 1.—

690. **Monier, R.,** Le tignum iunctum. Paris, 1922. gr. in-8vo. 2.25

691. **Monteza de Marichalar, A.,** y **C. Manrique,** Historia de la legislacion y recitaciones del derecho civil de España. Madrid, 1861—72. 9 vol. d. veau (le dernier vol. br.) 40.—

692. **Moriaud, P.,** De la simple famille paternelle en droit romain. Genève, 1910. 1re partie. Av. 1 pl. et figg. 3.50

693. **Moser, F. C. von,** Teutsches Hof-Recht. Franckf. 1754, 55. 2 vol. 4to. veau. 25.—

Intéressant et curieux ouvrage, traitant des cérémonies, de l'étiquette, des festivités, de l'intendance de la Maison, etc. des cours de differ. princes allemands.

On y trouve p. e. les chap. suiv.: Von den Rechten und Pflichten eines Regenten. — Von denen zu dem Hof gehörigen Personen. — Von der Kleydung bey Hof. — Von denen Feyerlichkeiten am Hof (Von der Tafel, von den Audienzen). — Von der Hof-Gerichtsbarkeit. — etc. On y trouve aussi le texte de plus. règlements, ordonnances, etc.

694. **Moser, J. J.,** Lexicon derer jetzlebenden Rechts-Gelehrten in und um Teutschland. etc. 2e starck-verm. Aufl. Züllichau, 1739. cart. *Plus. annotat. mss.* 2.50

695. **Moser, K. F. D.,** Römische Gesetzkunde und Römische Rechtsgeschichte. Stuttg. 1815. 1.—

696. **Muechel, Fr. A. H.,** Litis contestation im canonischen Civilprocess. Greifsw. 1868. 1.—

697. **Müller, K. O.,** Die Lehre des römischen Rechts von der Eviction. Halae, 1851. T. I (seul paru). d. rel. 1.25

698. **Müller, Ph. F.,** De via publica. Von freyer Land- und Heerstrassen. Itemq; De juribus eidem annexis. Helmestadii, 1677. 4to. 2.50

699. **Müntz-Edict, Kayserl.,** in Böhmen und andern Erbländern. Prag, 1622. 4to. 2.50

700. **Muratori, L. A.,** Dei difetti della giurisprudenza. Ven. 1742. fol. vél. 3.—

701. **Murena, M.,** Traité des violences publiques et partic. av. dissert. sur les devoirs des juges. Trad. de l'ital. p. Pingeron. (Texte ital. et français). Paris, 1769. veau. 3.50

702. **Muther, Th.,** Zur Geschichte der Rechtswissenschaft und der Universitäten in Deutschland. Gesamm. Aufsätze. Jena, 1876. (4.80) 3.—

703. **Muyart de Vouglans, (P. F.),** Les loix criminelles de France dans leur ordre naturel. Paris, 1780. gr. in-fol. veau. 10.—

704. **Naber, J. C.,** De vormende kracht v. h. Rom. recht. — Verhouding v. h. Rom. recht tot het hedendaagsche. — Het „interdictum quod vi aut clam." *Extr.* — 1885—91. Ens. 4 pièces. 1.50

705. **Nesmond, A. de,** Remontrances, ouvertures de palais, et arrêts prononcez en robes rouges. Poictiers, 1617. 4to. vél. (Dos très endomm.) 18.—

1er Arrêt touch. la location d'une maison infestée des esprits. — 2d Arrest touch. l'ambre gris, trouvé sur la coste de Marenzin et du droit de naufrage. — etc.

706. **Neuber, C. L.,** Die jurist. Classiker. N. Abh. über die Quellen der Pandekten. Berlin, 1806. T. I (seul paru). pet. in-8vo. d. rel. 1.—

707. **Neukamp, E.,** Einleit. in eine Entwicklungs-Geschichte des Rechts. Berlin, 1895. 2.—

708. **Nicolas de Bruxelles.** — **Rivier, A.,** Le „Compendium Institutionum" de Nicolas de Bruxelles. Brux. 1874. *Extr.* 0.75

709. **Niebuhr, B. G.,** Römische Geschichte. Neue Ausg. von M. Isler. Berlin, 1873, 74. 3 vol. pet. in-8vo. (3.60) 2.50

710. **Nielsen, A.,** Die Entstehung der deutschen Kameralwissenschaft im 17. Jahrh. Jena, 1911. gr. in-8vo. 1.50

711. **Nissen, A.,** Das Justitium. Studie a. d. Römischen Rechtsgeschichte. Lpz. 1877. 1.50

712. **Noodt, G.,** Opera omnia. Neapoli, 1786. 4 vol. Av. portrait. 4to. d. vél. 10.—

713. **Noordewier, M. J.,** De bronnen van Germaansch recht en van inwend. Germaansche rechtsgeschiedenis. 's-Grav. 1865. *Extr.* 1.—

714. **Nuhout v. d. Veen, A.,** De Engelsche Habeas Corpus Act. Leiden, 1878. 1.—
715. **Nupier,** Texte de la coutume de Normandie, av. observat. sur les usages locaux et les articles du parlement de Rouen. Paris, 1743. veau. 4.50
716. **Oelrichs, J. C. C.,** De Botding et Lodding judiciis Germaniae in primis marchiae Brandenburgensis. Traj. ad Viadr. 1751. 4to. 2.50
717. **Oeltz, J. C. A.,** Factum und Process-Geschichte in Sachen des Freiherrn J. J. von Uckermann, Beklagten, wider den Commissarius Gerke für sich und Namens seiner Ehefrau, weyland Amtsraths Winkler Erbin, wie auch des Cammerarius Hering in Einbeck, Kläger, wegen einer am 8. Febr. 1759 projectirten Handlungs Societät. Hann. 1789. fol. 2.50
718. **O'Kelly, P. J. B.,** Recueil analyt. des édits, placcards et ordonnances héraldiques des Pays-Bas espagnols et autrichiens. Av. préf., notice biograph. et suppl. p. A. O'Kelly de Galway et L. van Hollebeke. Bruges, 1865. Av. carte et figg. d'armoiries. d. veau. 2.50
719. **(Oldenburger, Ph. A.),** (ps. Burgoldensis), Notitia rerum illustr. imperii Romano-Germanici tripertita, s. discursus jurid.-polit. histor. ad instrumentum s. tabulas pacis Osnabrugo-Monasteriensis. Ed. 2a. Freistad, 1669. 3 tom. 1 vol. 4to. peau de truie estamp. Fort vol. 9.—

*A la fin*: **F. Irinicus,** Collegium juris publ. in Ph. Andreae discursus ad instrum. pacis Caesareo Suecicum conscriptos. 1670.

720. **Olim, Les,** ou registres des arrêts rendus par la cour du roi sous les règnes de St. Louis, de Philippe le Hardi, de Philippe le Bel, de Louis le Hutin et de Philippe le Long. Publ. p. Beugnot. Paris, 1839—48. 3 tom. 4 vol. 4to. cart. et br. *Rare.* 30.—
721. **Opiniones communes,** s. sententiae iurisconsultorum, p. F. Turzanum coll. Ven., Stella Iordanus Ziletti, 1559. — **Barth. Caepolla,** De interpret. legis extensiva. Ven., C. de Trideno Montisferrati, 1557. Av. 1 grav. s. bois. — **I. Machellius,** Patrocinia forensia. Ven. 1560. Av. 1 grav. s. bois. — 3 tom. 1 vol. pet. in-8vo. peau de truie estamp. de portr. en médaillon. 7.50
722. **Opuscula** ad historiam iuris et maxime ad Pomponii Enchiridion. Coll. J. L. Uhlius. Praef. J. G. Heineccius. Halae, 1735. 4to. d. vél. 4.50

*Contient e. a.*: **C. v. Bynkershoek,** Praetermissa. — **A. Schulting,** De iurisprudentia M. T. Cicero. — **I. G. Heineccius,** De variis Saturninis iureconsultis. — etc.

723. **Ordenanças** s. el obraje de los paños, lanas, bonetes, y sombreros. De come se han de hazer, y teñir, y vender, assi los paños estrangeros come los que en estos reynos se hizieren, 1 Junio 1511. (Sevilla, 1511). Av. les armes d'Espagne sur le titre. fol. cart. 48.—
724. **Ordinacions** s. lo redres del General he Deputacio del Principat de Cathalunya en la cort general. Celebr. per la Sacra Cesarea Catholica y Real Magestat de don Carles elet en Rey dels Romans ys devinidor Emperador, Rey de Castella, y de Arago etc. Enla primera Cort d'Barcelona Celebr. enlo Monestir de sant Francesch dels frares menors de dita Ciutat de Barcelona en lany M.D.XX. (1520). S. l. ni d. 4to. veau bleu, dos orné, fil. *Bel ex. de Salva-Heredia.* 20.—

Livre rare, qui semble avoir été publié à Barcelone en 1520. Encadrements au deux premiers ff. ch. sign. *c.* et *d.*, le premier cahier de 8 ff. et le second de 9.

Ce livre paraît faire partie d'un autre, portant les sign. a—b.

725. **Ordonnancien,** statuten, etc. ghepubl. in de landen van herwaerts-over (Vlaenderen), van weghen den keys.... majesteyten, enz. 1506—59.

Ghendt, J. v. d. Steene, 1559. Av. titre dans une bordure. — **Tweeden placaet bouck** inh. diversche ordonnancien, edicten van Vlaenderen (1560—1629). Ibid. 1629. Av. titre gravé. — Ens. 2 vol. fol. d. veau. 75.—

T. I et II du „Placcaetboek van Vlaenderen". Le t. I en première édition, très rare. Surtout intéressant comme il contient une réimpression textuelle de tous les placcards émanés contre les protestants de 1521—55, dont les pièces originales sont presqu'introuvables.

Pp. 88—204: Van heresien ende ketterien. Van de verboden boucken; Pp. 145—152: „Hier naer volght het getal van alzulcken boucken, als die doctoren in theologien te Loeven ghecondemneert hebben." Pp. 234—288: Van den Raedt in Vlaenderen; Pp. 443—514: Op 't faict van der munte; Pp. 594—598: Aengaende den goudsmeden; Pp. 610—627: Van den tapijtserie; Pp. 628—629: Van der poste; Pp. 638—656: Van den corne en graenen.

726. **Ordonnantie** ende placcaete van dye Coninclijcke Mayesteyt beroer. v. d. gouden eñ silveren munten. Amst., Jan Ewoudtzoon, (1559). Av. portr. de Philippe II sur le titre et de nombr. grav. s. bois. — **Ordonnantie** statuyt, ende permissie der K. M. vanden gouden, ende silveren pinninghen cours ende ganck hebbende over alle sine landen, van herwaerdts over gepubliceerdt.... 1548. Amst., Jan Ewoudtzoon, 1566. Av. portr. de Charles Quint sur le titre et de nombr. grav. s. bois. — — En 1 vol. 25.—

Marque de bibliothèque sur le titre.

727. **Ordonnances** du roy pour la reformation et reiglement de la justice, tant és cours souveraines, que inferieures. Paris, Rob. Estienne, 1566. veau. 12.—

728. **Ordonnance,** edict et decret du roy nostre sire sur le faict de la justice criminelle es Pays baz. Anv., Plantin, (1570). 4to. vél. *Très bel ex.* 25.—

*Dans la même reliure:* **Ordonnance**.... sur le fait du stil general que se debvra dorenavant observer es procedures .... en les pays baz. (1570).

Très rare. Voir Voorda, Crim. Ordonnantien, p. VIII.

729. **Ordonnance** du roy sur le faict et reiglement general de ses monnoyes. Lyon, M. Joue, 1577. Av. de nombr. ill. de monnaies. vél. souple. (*Rel. anc.*) 25.—

*Dans la même reliure:* **Ordonnance** du roy sur le descry des monnoyes de billon, estrangères. Lyon, 1577.

730. **Ordonnantie** om van nieus te publiceren het placcaet.... des Conincx van den XI Nov. lestleden, waer by andermael voor billoen verclaert zijn alle gouden ende silveren stucken oft penningen van den Graef vanden Berch.... ende alle andere niet begrepen onder den voet van 't Heylich Rijck.... (Met) in drucke gestelt alle de verboden penningen.... met de specificatie ende differentie vande goede tusschen de quade ende bezundere vande ducaten van Hungerien. Antw., Guillaem v. Parijs, 1578. Av. les portr. de Philippe II et Anna d'Autriche sur le titre et 27 pp. de figg. de monnaies, grav. s. bois. 4to. 25.—

731. **Ordonnance** de Louis XIV, roy de France, donnée avril 1667. Paris, 1667. 4to. veau. 5.—

Sur le procès civil.

732. **ORDONNANCES DES ROYS DE FRANCE** de la troisième race. Recueillies par ordre chronolog. Paris, 1723—1849. 21 vol. Av. tables des tom. I—IX. Ens. 22 vol. fol. veau ancien, dos dor. (les tom. 17—21 d. veau). 1600.—

Ex. bien complet, devenu presque introuvable, de ce très important recueil.

733. **Ordonnances** de Louis XIV, donné à St. Germain en Laye, avril 1667, août 1667 (pour les matières criminelles), août 1669 (les édits et déclarations touchant la réformation de la justice), avril 1673 (servant de règlement pour le commerce des marchands). Paris ,1726. pet. in-8vo. veau. 5.—

734. **Ordonnance** de Louis XIV sur le fait des eaux et forests, verifiée en parlement le 13 août 1669. Augm. des édits, etc. rendus en consequence. Paris, 1735. 2 tom. 1 vol. pet. in-8vo. veau. 4.50

735. **L'Origine** des diverses coutumes locales du Royaume de Belgique. Brux. 1848. 1.—

736. **Osenbruggen, E.,** Der Hausfrieden. Beitr. z. deutschen Rechtsgeschichte. Erlangen, 1857. 1.—

737. **Otto, E.,** De aedilibus coloniarum et municipiorum. Ed. 2a. Ultr., J. S. Bosch, 1732. vél. 2.50

738. **Overbeck, Fr.,** Studien z. Geschichte der alten Kirche. Chemn. 1875. Fasc. 1 (seule parue). 1.50

Ueb. den pseudojustin. Brief an Diognet. — Die Gesetze der röm. Kaiser gegen die Christen. — Verhältniss der alten Kirche zur Sclaverei im röm. Reiche.

739. **Padelletti, G.,** Lehrbuch der römischen Rechtsgeschichte. Deutsche Ausg. von F. von Holtzendorff. Berlin, 1879. d. veau. 2.50

740. **Paetz, K. W.,** Lehrbuch des Lehnrechts. Hrsg. von C. A. G. Goede. Gött. 1808. cart. 1.50

741. **Pansey, H. de,** Les assemblées nationales en France, depuis l'établissement de la monarchie jusqu'en 1614. Paris, 1829. 2 vol. 2.50

742. **Papinius, P.** — **Gronovius, J. F.,** In P. Papinii Statii silvarum ll. V diatribe. H. C., Th. Maire, 1637. pet. in-8vo. vél. 3.—

Ouvrage dédié à Th. Graswinckel.

743. **Pardessus, J. M.,** Loi salique ou recueil conten. les anciennes rédactions de cette loi et le texte connu sous le nom de lex emendata. Av. notes et diss. Paris, 1843. 4to. d. rel. *Très rare.* 30.—

744. —— Essai histor. sur l'organisation iudiciaire et l'administration de la iustice. Paris, 1851. d. veau. 2.50

745. **(Parker, H.),** Jus populi, or, a discourse wherein clear satisfaction is given, as well concerning the right of subiects, as the right of princes. London, 1644. 4to. *Rare.* 10.—

746. **Patou, F.,** Comment. sur les coutumes de Lille et de sa châtellenie et conférences av. celles voisines et le droit commun. Lille, 1788—90. 3 vol. fol. d. veau. 20.—

747. **Patru,** Oeuvres. Ses playdoyers, harangues, etc. Amst., G. Gallet, 1692. 2 tom. 1 vol. Av. front. pet. in-8vo. d. bas. 5.—

748. **Peckius, P.,** Opera omnia. Antv. 1679. fol. vél. 9.—

749. —— Ad rem nauticam comment. Not. A. Vinnius. Item Jus navale Rhodiorum, Gr.-Lat. L. B., A. Wyngaerden, 1647. vél. 6.—

750. **Peguera, L. de,** Practica, forma, y stil, de celebrar corts generals in Catalunya, y materias incidents en aquellas. Barcel., G. Margarit, 1632. 4to. d. veau, tête dor. 30.—

La 3e partie (pp. 155—234) contient „descriptio y compte de tots los llochs, tant reals com de barons, de tota la prov. de Cataluna."

751. **Pelaez à Meres, M.,** Tractus majoratuum et meliorationum Hispaniae. Granatae, R. Rabut, 1575. Av. titre, entouré d'une bordure. fol. vél. 24.—

Le titre légèr. restauré ainsi que le dernier f. Qq. taches d'eau.

752. **Pereyra, B.**, Promptuarium iuridicum, in tribunalibus Lusitaniae. Ulysippone, 1664. fol. veau. 6.50
753. **Pernice, A.**, Labeo. Das römische Privatrecht im ersten Jahrh. der Kaiserzeit. Halle, 1873. T. I. d. veau. 2.—
754. —— Même ouvrage. Halle, 1892. T. III, 1. (4.80) 2.50
755. **Pernice, L.**, Geschichte, Alterthümer und Institutt. des röm. Rechts im Grundrisse. 2e Aufl. Halle, 1824. d. rel. 1.25
756. **Pestel, F. G.**, Fundamenta juris prudentiae naturalis. Ed. 4a. L. B., S. et J. Luchtmans, 1788. cart. 2.—
757. **Pfalz, F.**, Die germanischen Ordalien. Lpz. 1865. *Extr.* 1.—
758. **Pfankuch, G.**, De summariss. possessorio. Colon.1670.—etc. Ens. 3 tom. 1 vol. 4to. vél. 2.50
759. **Pfeffel**, Nouvel abrégé chronolog. de l'histoire et du droit public d'Allemagne. Paris, 1776. 2 vol. 4to. d. veau. 10.—
760. **Pfortten, L. v. d.**, Abhandl. a. d. Pandekten-Rechte. Erlangen, 1840. cart. 1.25
761. **Phillimore, J. G.**, Private law among the Romans from the Pandects. London, 1863. toile. (9.60) 4.—
762. **Phillips, G.**, Deutsche Reichs- und Rechtsgeschichte. 4e verm. Aufl. München, 1859. cart. 1.—
763. **Pièces** originales et procédures du proces fait à R. F. Damiens. Paris, 1757. 4to. veau. 7.50
764. **Pilati de Tassulo, de**, Loix politiques des Romains du tems de la République. La Haye, J. H. Munnikhuizen et C. Plaat, 1780. 2 vol. d. veau. 2.50
765. **Pinault, M.**, Histoire du Parlement de Tournay. Valenciennes, 1701. Av. portr. 4to. veau. 6.—
766. —— Recueil d'arrets notables du Parlement de Tournay. Valenciennes, 1702—05. 4 tom. 2 vol. 4to. veau. 18.—
767. —— Même ouvrage. (*Les tom. 1 et 4 sous le titre*: Suite des arrests notables du Parlement de Flandres). Valenciennes, Douay, 1702—15. 4 vol. 4to. veau. 20.—
768. **Pinélès, S.**, Questions de droit romain. Paris, 1911. gr. in-8vo. 1.50
769. **Pitaval, G. de**, Causes célèbres et intéressantes avec les jugemens qui les ont décidées. La Haye, 1735—45. 22 vol. Av. front. pet. in-8vo. veau. 18.—
770. **Placards néerland.**, publ. par les Etats-Généraux des Provinces-Unies entre les années 1693 et 1778 concern. la monnaie, le pêcher des algues près de l'île de Wieringen, l'export de chiffons, du foin, la fabrication de papier, un traité de commerce entre la France et les Prov.-Unies, 1740, etc. Ens. 19 ff., imprimées en caract. goth., destinées à être affichées. fol. 25.—
771. **Placcaet** ende ordinantie onss heeren gemaect tegen die buytelanders ende bastaerden, besitt. eenige officien in Brabant, enz. Bruess., M. v. Hamont, 1576. 4to. cart. 10.—
772. **Placcaeten**, ordonnantien enz., bij de princen van dese Nederlanden, aan de inghesetenen van Brabant, Vlaenderen e. a. provincien sedert 1220 wtgegeven.... midsg. stiel ende maniere van procedeeren in Brabant, Mechelen, Henegouwe ende Gelderlandt. Verg. d. Ant. Anselmus. Antw., H. Aertssens, 1648. 2 vol. fol. vél., aux armes d'Hollande. *Bel ex.* 30.—

Pp. 465—480: Raeckende de boeckdruckers en de boeckvercoopers. Marque de bibliothèque sur le titre.

773. **Plaidoyez, Divers,** touchant la cause du gueux de Vernon, avec le plaidoyé de M. Bignon et qq. autres plaidoyez. Paris, 1665. 4to. veau. 6.—
Cause de la damoiselle Vacherot, qui avoit perdu un de ses enfans, et à la quelle les juges de Vernon vouloient faire croire qu'elle l'avoit retrouvé en la personne de l'enfant d'un pauvre, qui estoit avoué par ce pauvre pour son fils.

774. **Planck, J. W.,** Das Deutsche Gerichtsverfahren im Mittelalter. Brschw. 1879. 2 vol. d. rel. 5.—

775. **Platon.** — **Thonissen, J. J.,** L'idée de la peine dans les oeuvres de Platon. Paris, (v. 1865). *T. à p.* 1.—

776. **Pline Jr.** — **Schneither, J. A.,** Loca e Plinii jun. scriptis quae ad jus civile pertinent, recens. et illustr. Gron. 1827. 1.75

777. **Polack, J. F.,** Mathesis forensis, w. i. die Rechenkunst, Geometrie, Baukunst, Mechanik, Hydrostatik und Chronologie und die Anwendung in der Rechtsgelehrsamheit abgehandelt wird. 4e Aufl. Lpz. 1770. Av. portr. et pl. 4to. d. veau. 7.50

778. **Polak Daniëls, D.,** Comment. ad Pauli ll. III decretorum. L. B. 1846. 1.25

779. **Policy gerichts-ordeninghe** ende stadtsrecht. Hetwelcke.... Fredierick, Erve tot Norwegen, Hertogh tot Sleyswigh, Holsteyn, Stormarn ende der Ditmarschen, Grave tot Oldenborgh ende Delmenhorst, etc. onse stadt Fredericks-Stadt.... gegeven, ende geconfirmeert hebben. (Frederikstad), 1635. 4to. vél. 25.—
Coutumes pour les Hollandais réfugiés qui ont été les fondateurs de Friederichstadt. Impression holland. de Friederichstadt, fort rare.
Légèr. taché.

782. **Pothier, R. J.,** Traité de la communauté, de la puissance du mari sur la personne et les biens de la femme. Paris, 1770. 2 vol. pet. in-8vo. veau. 6.—

783. —— Traité du contrat de constitut. de rente et de change. Paris, 1773. 2 tom. 1 vol. veau. 3.—

784. —— Traités divers sur les successions. Nouv. éd. p. Huttenau. Paris, 1812. 2 vol. 2.50

785. —— Wisselrecht. Door J. v. d. Linden. Leiden, 1801. 2.50

787. —— Van legaten. Door J. v. d. Linden. Leyden, 1803. 1.25

788. —— Van contracten e. a. verbintenissen. U. h. Fr. d. J. v. d. Linden. Leyden, 1804, 06. 2 vol. d. veau. 5.—
Le t. I taché d'eau.

789. **Poullain du Parc, A. M.,** La coutume et la jurisprudence coutum. de Bretagne, dans leur ordre naturel. Rennes, 1759. veau. 5.—

790. **Poullet, E.,** Histoire du droit pénal dans l'ancien Duché de Brabant. Brux. 1867. 4to. *Extr.* 2.—

791. —— Même ouvrage. Louv. 1869. 4to. *Extr.* 2.50

792. **Pragmatica** sanctio feta per la Real Magestat del Emperador don Carles y per dona Joana mare sua. Dada en Toledo, 1539. (Barcel. v. 1539). fol. d. veau. 35.—
Pièce concernant la paix et le port d'armes en Catalogne. Pas chez Salva.

793. **Pregmaticas** y capitulos que S. M. del Emperador y Rey, hizo enlas cortes de Valladolid, el año d. 1537. Conla declaracion que s. los traies y sedas hizo. Cuenca, G. Reymon, 1538. Av. titre, portant les armoiries royales et entouré d'une bordure en grav. s. bois. fol. 75.—
Premier livre imprimé à Cuenca.

794. **Preudhomme,** Traité des droits aux seigneurs sur les biens possédés en roture. Paris, 1781. 4to. veau. *Rare.* 10.—

795. **Privilegien** statuyten ende reglementen van Hasselt. Hasselt, (1716). 4to. veau aux armes de la ville. 0.75

797. **Proost, J. J. E.,** Episodes du droit d'asile religieux en Belgique. Gand, 1863. *Extr.* 1.—

798. **Propriété littéraire, La,** au XVIIIe siècle. Recueil de pièces et de documents. Av. introd. et notices p. E. Laboulaye et G. Gruiffrey. Paris, 1859. d. veau. 5.—

799. **Pütter, J. S.,** Auserlesene Rechts-Fälle aus der in Deutschland übl. Rechtsgelehrsamkeit in Deductionen, rechtl. Bedenken, u. s. w. Gött. 1760—1802. 4 vol. fol. vél. (Dos du t. II endomm.) 15.—

800. **Quack, H. P. G.,** Het staatswezen in de XIVe eeuw. Amst. 1859. cart. 2.25

801. **Quaderno** delas cortes que en Valladolid tuuo el Emperador y rey, 1523. Enel qlay muchas leyes y decissiones nueuas y.... declaracion de muchas pregmaticas y leyes d'l reyno. Burgas, J. de Junta, 1535. fol. veau. 45.—

802. **Questions** notables de droict, décidées par plus. arrests de la cour de parlement, et distribuées par centuries p. Cl. de Prestre. Ens. un traicté des mariages clandestins. Paris, 1645. fol. veau. (Dos renouv.) 18.—

*Contient e. a.*: De la femme qui se remarie pendant l'absence de son mary. — De l'aliénation du bien d'Eglise. — Que la femme séparée ne doit relief. — etc.

803. **Raccolta** di tutte le leggi, ordinazioni e proclami pubbl., e stampati per il governo della citta' di Verona e suo distretto dopo il fausto ingresso dell' armi austriache di S. M. Francesco II. Verona, 1798—1800. 8 vol. cart. 25.—

804. **Raepsaet, J. J.,** Oeuvres complètes. Gand, 1838—40. 6 vol. gr. in-8vo. d. veau. 12.—

*Contient*: Origine des Belges. — Histoire des Etats-Généraux et prov. des Gaules. — Analyse de l'origine et des progrès des droits civils, politiques et religieux des Belges et Gaulois. — etc.

805. —— Réponse à l'opinion de Th. Dotrenge sur les droits seigneuriaux. Brux. 1818. 1.—

806. —— Histoire de l'origine, de l'organisation, etc. des états généraux et provinciaux des Gaules, partic. des Pays-Bas, depuis les Germains jusqu'au XVIe siècle. Gand, 1819. 2.50

807. —— Mémoires (1e—3e) sur la législation des Gaules jusqu'au 15e siècle. Brux. 1819—24. 3 fasc. 4to. *Extr.* 2.—

808. **Raumer, F. von,** Geschichtl. Entwickelung der Begriffe von Recht, Staat und Politik. Lpz. 1826. 2.—

809. **Raynouard,** Histoire du droit municipial en France. Paris, 1829. 2 vol. 2.25

810. **Recesz- und Accord-buch,** aller Ordnung, Decreten, Resolution, Recessen, u. s. w. zw. Herrn Edtzardten und J. Löblichen andenck. Herrn und Graffen zu Ostfrieszlandt, etc. Embden, 1656. 4to. veau. 3.—

811. **Recht, Das,** der Assecuranzen und Bodmereyen. M. Sammlung zu diesen Materien, und denen Havereyen gehörigen Verordnungen, nebst Reglements die Feuer-Societäten in Preuszen betr. Königsberg, 1771. 4to. 4.—

812. **Rechten** ende costumen van Antwerpen. Antw., Ch. Plantijn, 1582. Av. carte. fol. veau. 10.—
*Dans la même reliure*: **Ordonnantie** vanden stijl ende maniere van procederen in Antwerpen. Ibid. 1582.
Un coin du titre monté.

813. **Rechtsdenkmäler, Germanische,** Leges, Capitularia, Formulae. Hrsg. von H. G. Gengler. Erlangen, 1875. d. rel. 7.50

814. **Rechtskritik** des Amicistenorders n. der histor. Anleit. im Graf Guido von Taufkirchen und allgemeingült. Rechtsgrundsätzen für alle geheime Ordens-Gesellschaften. Chemn. 1800. pet. in-8vo. 1.25

815. **Rechtsquellen von Basel,** Stadt und Land. Hrsg. von J. G. Schnell. Basel, 1856—65. 2 tom. 3 vol. (28.—) 10.—

816. **Recueil diplomatique** du Canton de Fribourg, 1177—1444. Fribourg, 1839—77. 8 vol. 18.—
Ce receuil contient le texte original des chartes, diplômes, traités e.a. documents rel. à l'histoire du Canton de Fribourg.

817. **Recueil** des édits politiques concern. les sur-intendans et égards préposez au marché au grain, vivre, et venelle de la ville de Douay. Douay, 1729. 12mo. 2.50

818. **Recueil** des édicts, déclarations, etc. du conseil, registrez en Parlement, Chambre des Comptes, et Cour des Aydes. Paris, 1669. pet. in-8vo. veau. 2.50

819. **Recueil** d'édits et d'ordonnances royaux, sur le fait de la justice e. a. matières les plus importantes. Augm. sur l'éd. de P. Neron et E. Girard. Paris, 1720. 2 vol. fol. veau. 25.—
Contient les Ordonnances des rois Philippe VI, Jean I, Charles V, e. a. jusqu'à Louis XV et plus. arrêts rendus en conséquence.

820. **Recueil analyt.** des édits, placards et ordonnances hérald. des Pays-Bas espagnols et autrichiens. Publ. d'après un ms. de P. J. B. O'Kelly, roi d'armes de Marie-Thérèse p. O'Kelly de Galway et L. van Hollebeke. Bruges, 1865. 1.50

821. **RECUEIL DES ANCIENS ORDONNANCES ET COUTUMES DE LA BELGIQUE.** Publ. par la Commission Royale pour la publication des anciennes lois et ordonnances de la Belgique. Brux. 1855—1914. 95 forts vol. fol. et 4to. br. 750.—
Collection complète, très rare.

822. **Recueil** des ordonnances des Pays-Bas, 1506—1794. Publ. p. Ch. Laurent, J. Lameere, Gachard, e. a. Brux. 1860—1910. Série II—III. 17 vol. fol. 125.—
La 1re série et les tom., conten. e.a. les ordonnances des années 1549—98, 1621—1700 et 1786—94 n'ont pas encore paru.

823. **Recueil** des ordonnances et édits de la Franche-Comté de Bourgogne p. J. Petremand, Dole, 1619 (pour 1719). Av. vign. sur le titre. fol. veau. 15.—
*Dans la même reliure*: **Abrégé** des édits, ordonnances et coutumes de la Franche-Comte de Bourgogne. Lyon, 1664.

824. **Recueil** des ordonnances de la principauté de Liège, 947—1794. Publ. p. St. Bormans et L. Polain. Brux. 1855—78. Série I—III. 6 vol. fol. 40.—

825. **Recueil** des principales ordonnances des magistrats de Lille. Lille, 1771. 4to. d. veau. 10.—

826. **Recueil general** des pieces concern. le procez entre la demoiselle Cadiere, de la ville de Toulon, et le père Girard, Jésuite, recteur du seminaire

royal de la marine de ladite ville. La Haye, Swart, 1731. 8 vol. pet. in-8vo. veau. 18.—

827. **Recueil chronolog.,** de tous les placards, édits, etc. concern. les titres et marques d'honneur ou de noblesse, etc. 1431—mai 1785 (dans les Pays-Bas). Brux. 1785. 2 vol. Av. table généalog. pet. in-8vo. 5.—
Les placards etc. sont en hollandais, français ou espagnol.

828. **Recueil** des privilèges anciens et nouveaux des conseillers secretaires du roy, maison et couronne de France, et de ses finances. Paris, 1652. 4to. vél. 20.—
Dans la même reliure 65 „Arrests", „Edicts", „Ordonnances", „Reglements" etc. publ. de 1636—54, e.a.: **Edict** portant creation d'un siège présidial à Crespy (1651); **Arrest** de 1653 portant exemption aux conseillers secretaires du roy, de payer les 40 sols pour muid de vin, entrant en Rouen; etc., etc.

829. **Reddie, J.,** Histor. view of the law of maritime commerce. London, 1841. toile. 7.50

831. **Regesten und Urkunden, Schleswig-Holstein-Lauenburgische,** (786—1340). Hrsg. von P. Hasse. Hamburg, 1886—96. 3 tom. 2 vol. 4to. toile. 25.—

832. **Rei agrariae** auctores legesque variae prod. cura W. Goesii c. notis etc. N. Rigallii. Amst. 1674. Av. front., pl. et ill. 4to. vél. cordé. 9.—

833. **Rein, A.,** Drei Uerdinger Weisthümer a. d. J. 1454. Crefeld, 1854. 0.60

834. **Rein, W.,** Das römische Privatrecht und der Civilprozess bis in das erste Jahrh. der Kaiserherrschaft. Lpz. 1836. cart. 2.—

835. —— Privatrecht und Civilprocess der Römer von der ältesten Zeit b. z. Justinianus. (2e Aufl.). Lpz. 1858. d. veau. (9.—) 3.—

836. **Reinhard, I. I.,** De iure forestali Germanorum dicto Märckerrecht. Francof. 1738. 4to. vél. 5.—

837. **Remarques** du droict françois, confirmées par loix, ordonnances royaux, arrests des cours souveraines. Lyon, 1614. Av. vign. gr. in-8vo. vél. souple. 15.—

838. **Renusson, De,** Oeuvres, conten. le traité de la communauté de biens entre l'homme et la femme, le traité du douaire, etc. Nouv. éd. p. J. A. Serieux. Paris, 1780. fol. veau. 7.50

839. **Resemans, A.,** De competentia civilii in vinculum coniugale infidelium. Roma, 1887. 0.75

840. **Revue d'histoire du droit.** Sous la dir. de A. S. de Blécourt, J. v. Kan, J. v. Kuyk, E. M. Meijers. Av. le concours de R. Altamira y Crevea, E. Cuq, J. Jörgensen, E. Meynial, V. Scialoja, J. H. Wigmore, e. a. Haarlem, 1918—23. T. I—V. 5 vol. 100.—
Revue pour l'histoire du droit tant des Pays-Bas que de l'étranger. Elle contient des articles en anglais, français, italien, etc. Les tom. I—II ont paru sous le titre: Tijdschrift voor rechtsgeschiedenis.

841. **Ribbentrop, G. J.,** Zur Lehre von den Correal-Obligationen. Gött. 1831. d. veau. 1.25

842. **Ribéreau, A.,** Théorie de l'„in bonis habere", ou de la propriété prétorienne. Paris, 1867. 1.25

843. **Ricard, J.,** Traité des donations entre-vifs et testamentaires. 3e éd. Paris, 1763. fol. veau. 5.—

844. **Richthofen, K. von,** Untersuch. über Friesische Rechtsgeschichte. Berlin, 1880—86. T. I—III, 1. 4 vol. Av. carte. (32.40) 20.—
Tout ce qui a paru. Epuisé.

845. **Riedel, A. Chr.,** Beschreib. des im Fürstenthum Bayreuth zu Sanct Georgen a. S. erricht. Zucht- und Arbeit-Hauses. Bayreuth, 1750. 4to. 2.50

846. **Rieger, K.,** Eine Urkunde Ludwig des Deutschen für das Kloster Rheinau. Beitr. z. Geschichte des Kanzleiwesens im Mittelalter. München, 1873. *Extr.* 0.50

847. **Rinaudo, C.,** Leggi del Visigoti. Studio storico. S. l. (v. 1904). pet. in-fol. *Extr.* 2.—

848. **Rivier, A.,** Untersuch. üb. die cautio praedibus praediisque. Berlin, 1863. 0.75

849. **Roccus, F.,** Over schepen en vrachtgelderen en over assurantiën ofte verzekeringen. U. h. Lat. m. annott. van J. Feitama. Alsm. reglement der assurantien en haveryen van Hamburg. Amst., F. Changuion, 1737. Av. vign. p. B. Picart. 4to. vél. 7.50

850. **Rochette, P.,** Traitté et instruct. pour les décrets, encheres et criées, suiv. les Ordonnances des roys; ens. les arrests de la Cour de Parlement, nécess. à tous créanciers, debteurs, etc. Paris, N. Rousset, 1608. pet. in-8vo. toile. 5.—

851. **Rodenburg., C.,** De jure coniugum. Antv. 1676. veau. 4.—

852. **Röder, K. D. A.,** Grundgedanken und Bedeutung des römischen und german. Rechts. Lpz. 1855. 1.—

853. **Rodier, M. A.,** Questions sur l'ordonnance de Louis XIV du mois d'avril 1667 rel. aux usages des cours de parlement, et princip. de celui de Toulouse. Nouv. éd. augm. Toulouse, 1769. 4to. veau. 6.—

854. **Rodolfinus, L.,** De origine, dignitate et potestate ducum Italiae. Ed. C. Besold. Argent. 1624. 4to. 2.50

855. **Roessingh, D.,** Het gebruik en bezit van den grond bij Germanen en Celten. Gron. 1915. Av. 3 cartes. gr. in-8vo. 5.—

856. **Rogge, K. A.,** Das Gerichtswesen der Germanen. Halle, 1820. d. rel. 1.50

857. **Roisin.** Franchises, lois et coutumes de Lille. Publ. av. notes et glossaire p. Brun-Lavaume. Lille, 1842. 4to. cart. 7.50
Taches d'eau.

858. **Römer, R.,** Die bedingte Novation. — Leistung an Jahlungsstatt n. d. römischen und gemeinen Recht. — etc. 1852—66. 3 pièces. 2.—

859. **Romussius, G. D.,** De re agraria. De solutionibus, liberation. et quitetation.; de datione in solutum, et de rerum permutation. Ed. 2a. Flor. 1837. 2 tom. 1 vol. fol. d. vél. 6.—

860. *Ροπαι, A E,* oder die Schrift über die Zeitabschnitte, Eustathios zugeschrieben. Gr. und Lat. hrsg. von C. E. Zachariae. Heidelb. 1836. d. veau. 2.50

861. **Roscoe, H.,** Eminent British lawyers. (The cabinet cyclopaedia by D. Lardner, a. o. London, 1833. pet. in-8vo. toile. 2.50
Edw. Cooke, 1550—1634. — John Selden, 1584—1654. — M. Hale, 1609—76. — Lord Jefferies, 1648—89. — Lord Somers, 1650—1716. — Marsfield, E. Wilmot, Thurlow, Ashburton, e. a.

862. **Rosin, D.,** Ein Compendium der jüdischen Gesetzeskunde a. d. XIVen Jahrh. Breslau, 1871. gr. in-8vo. 1.25

863. **Roszhirt, C. Fr.,** Geschichte des Rechts im Mittelalter. I. Canonisches Recht. Mainz, 1846. gr. in-8vo. 1.—

864. —— Même ouvrage. Schaffhaus. 1857. gr. in-8vo. 1.50

865. **Roth, P.,** Feudalität und Unterthanverband. Weimar, 1863. 1.75

866. **Roulez, (J. E. G.),** Sur l'histoire de la constitution de l'ancienne Rome. Brux. 1835. 4to. *Extr.* 1.—

867. —— Les magistrats romains de la Belgique. Gand, 1843. 4to. *Extr.* 1.—

868. **Rousseau, J. J. — Arntzenius, A. R.,** De staatsleer van J. J. Rousseau. Leiden, 1873. 1.50

869. **Royer, L. de,** Du jeu et du pari. Législations anciennes. Législation romaine. Législation française. Paris, 1878. 2.50

870. **Rualdus, I.,** De duellis controversia, in qua forensi ritu, legibus sacris profanisque, etc. de ijs inquiritur. Paris. 1615. Av. armoiries au v° du titre. pet. in-8vo. vél. souple. 10.—

Duella apud Danos. — Moscos. — Turcae duellum. — Turcarum obsequium principem. — etc.

Ex. av. dédicace autographe de l'auteur à Paulmier.

871. **Rudbeck, J.,** Beskrivande och illustr. förteckning över de upplagor av Sveriges landskaps-, lands- och stadslagar som av trycket blivit utgivna intill dess Sveriges rikes lag blev gillad och antagen på riksdagen år 1734. Bibliografi (1604—1730). Stockh. 1915. Av. 42 facs. de titres, pages de texte, etc. fol. cart., tête dor. 22.50

Tiré à 350 exx.

872. **Rudorff, A. A. F.,** De lege Cincia. Berol. 1825. 1.—

873 —— Römische Rechtsgeschichte. Lpz 1857, 59 2 tom. 1 vol. d. veau. *Epuisé.* 4.—

874. —— Ad legem Aciliam de pecuniis repetundis, latam anno ab urbe cond. 631 vel 532. Berol. 1862. 4to. *T. à p.* 1.50

875. **Russell, E. Beecher,** Review of American colonial legislation by the king in council, 1660—1767. N. York, 1915. 4.50

Studies in history, economics and public law, ed. by the Columbia university. Nr 155.

876. **Rycker, L. de,** Het grondwettel. bestuur v. h. oude Gent (1192—1540). Gent, 1880. 0.75

877. **Sachsenspiegel, Der,** v. J. 1369. M. Varianten hrsg. von C. G. Homeyer. Berlin, 1827. d. veau. 1.50

878. —— Même ouvrage. Hrsg. von C. G. Homeyer. Berlin, 1842, 61. 2 vol. d. veau. *Epuisé.* 24.—

T. I 3e éd., t. II 1re éd.

879. —— **Zallinger, O. von,** Die Schöffenbarfreien des Sachsen-spiegels. Innsbr. 1887. 2.50

880. **Sachsse, C. R.,** Histor. Grundlagen der deutschen Staats- und Rechts-Geschichte. Heidelb. 1844. cart. 1.—

881. —— Das Beweis-Verfahren n. deutschen m. Berücksicht. verwandter Rechte des Mittelalters. Erlangen, 1855. 1.—

882. **Sainct Mauris, P. de,** La pratique et stil judiciaire tant en la cour de parlement, qu'es tribunaux de justice au comté de Bourgogne. Rev. et augm. (p. Boivin). Dole, 1626. 4to. veau. (Rel. frottée). 7.50

883. **(Sainte-Croix),** Des anciens gouvernemens fédératifs et de la législation de Crète. Paris, 1799. Av. carte. d. veau. 0.75

884. **Salkowski, C.,** Zur Lehre von der Novation n. Röm. Recht. Lpz. 1866. cart. (3.75) 2.—

885. **Salmasius, C.,** De usuris. L. B., Elsevir, 1638. vél. 5.—

Willems, no. 471.

886. **Salpius, B. von,** Novation und Delegation n. röm. Recht. Berlin, 1864. gr. in-8vo. 2.25

887. **Salvaing, D. de,** De l'usage des fiefs e. a. droits seigneuriaux. Conten. plus. remarques incidentes servant a l'histoire de Dauphiné. Grenoble, 1670. veau. 7.50

888. **Samhaber, Fr.,** Zur Lehre von der Correalobligation im Röm. und heut. Recht. Erlangen, 1861. cart. 1.25

889. **Sammlung Schweizerischer Rechtsquellen.** Hrsg. auf Veranlassung des schweiz. Juristenvereins. Aarau, 1898—1906. T. I—VI. 6 vol. 45.—

I. Das Stadtrecht von Aarau. Bearb. von W. Merz. — II. Die Stadtrechte von Baden und Brugg. Bearb. von E. Welti und W. Merz. — III. Das Stadtrecht von Bern. I (1218—1539). Bearb. von E. Welti. — IV. Kanton St. Gallen. I. Offnungen und Hofrechte. I. Alte Landschaft. Bearb. von M. Gmür. — V. Die Stadtrechte von Kaiserstuhl und Klingnau. Bearb. von E. Welti.—VI. Kanton St. Gallen. I. Offnungen und Hofrechte. II. Toggenburg. Bearb. von M. Gmür.

890. **Sammlung, Nützliche,** verschied. Schriften und Uhrkunden, welche die Mecklenburg. Landes-Rechte, Geschichte und Verfassung erläutern. M. Anmerk. hrsg. von G. G. Gerdes. Wismar, 1736—54. 9 tom. 1 vol. Av. table. 4to. d. vél. 7.50

891. **Sandt, F. W. J. H. v. d.,** Verklaring van L. 37 § 6 D. de adquir. rer. dom. (41. 1) en L. 13 D. de donat. (39. 5). Utr. 1879. 0.75

892. **Sanio, F. D.,** Zur Geschichte der röm. Rechtswissenschaft. 1858. — Varroniana in den Schriften der röm. Juristen. 1867. 1.50

893. **Sarrazin, A.,** Un avocat rouennais au XVIIIe siècle. D'après les lettres inédites d'Aug. Le Chevalier, 1730—44. Rouen, 1876. gr. in-8vo. 1.75

894. **Savelli, M. A.,** Pratica universale, estratta dalle principali leggi, etc. di Toscana. Firenze, 1665. fol. d. veau. 5.—

895. **Savigny, Fr. C. von,** Das Recht des Besitzes. 5e Aufl. Giessen, 1827. 1.50

896. —— Même ouvrage. 7e Aufl. Hrsg. von A. F. Rudorff. Wien, 1865. d. veau. (7.20) 2.50

Dernière édition.

897. —— Analyse du traité de la possession d'après les principes du droit romain. 4e éd. p. L. A. Warnkönig. Liège, 1824. d. veau. 1.25

898. —— Traité de la possession en droit romain. Trad. de l'allem. p. Faivre d'Audelange et Valette. Paris, 1841. 2.—

900. —— Geschichte des Röm. Rechts im Mittelalter. 2e Ausg. Heidelb. 1834—51. 7 vol. d. rel. 75.—

Très rare et recherché.

901. —— Même ouvrage. Heidelb. 1826—34. T. I—IV, VI. 5 vol. 15.—

T. I—III en 2e, t. IV et VI en 1re ed.

902. —— System des heut. Röm. Rechts m. Reg. Berlin, 1840—51. 9 vol. toile. 15.—

903. —— Traité de droit romain. Trad. de l'allem. p. Ch. Guenoux. Paris, 1840—51. 8 tom. 4 vol. d. veau. 80.—

904. —— Das Obligationenrecht. Berlin, 1851, 53. 2 vol. d. veau. 4.—

905. —— **Bethmann-Hollweg, M. A. von,** Erinnerung an F. C. v. S. als Rechtslehrer, Staatsmann und Christ. 1867. *T. à p.*—**L. Enneccerus,** F. C. v. S. und die Richtung der neueren Rechtswissenschaft. 1879.— **E. Holder,** F. C. v. S. 1879. — Ens. 3 pièces. 1.25

906. —— **Fockema, R. A.,** De beteekenis van F. K. v. S. voor den tegenw. tijd. Haarlem, 1913. *Extr.* 1.25

907. **Savigny, Fr. C. von. — Levy, J. A.,** Savigny en de histor. rechtsbeoefening. Amst. 1879. *Extr.* 1.—

908. **Scaevola, Q. C. — Swalme, S. v. d.,** Q. C. Scaevolae responsorum ll. V et VI. L. B. 1834. 1.50

909. **Schaeffner, W.,** Geschichte der Rechtsverfassung Frankreichs. Frankf. a. M. 1845—50. 4 vol. d. veau. (18.50) 7.50

910. **Schannat, J. F.,** Sammlung alter histor. Schriften u. s. w., (1361—1499) aus unterschiedl. Archiven. I. Wobey das allgem. Land-Recht wie.... in Teutschland gebräuchlich gewesen. Frankf. 1727. 4to. cart. 3.50

911. **Schelling, P. H. J.,** Die Lehre von der unvordenklichen Zeit n. rein römischem Rechte. München, 1835. 1.50

911a. **Scheuer, W. Ph.,** Het grondbezit in de Germaansche mark en de Javaansche dessa. Rott. 1885. 2.—

912. **Scheurl, C. G. A. von,** Beitr. z. Bearbeit. des röm. Rechts. Erlangen, 1853, 54. 2 vol. d. veau. 3.50

913. **Schilterus, J.,** Institutt. iuris feudalis germanici et Langobardici. Acc. comm. de natura succession. Berlin, 1750. 1.75

914. **Schirmer, J. Th.,** Die prätor. Judicialstipulationen, m. bes. Berücks. der stipulatio judicatum solvi. 1853. — Handb. des röm. Erbrechts. 1863. T. I (seul). 1.50

915. **Schlesinger, R.,** Zur Lehre v. d. Formalcontracten und der Querela non numeratae pecuniae. Lpz. 1858. d. veau. 2.—

916. **Schmalhausen, R. H. J.,** De cautione damni infecti. Utr. 1851. 1.25

917. **Schmidt, G. E.,** Die gemischten Einreden (exceptiones mixtae s. anomalae). Dresden, 1839. 1.—

918. **Schmidt, K. A.,** Das Interdikten-verfahren der Römer. In geschichtl. Entwickelung. Lpz. 1853. 1.—

919. —— Der princip. Unterschied zw. dem röm. und german. Rechte. I. Die Verschiedenheit der Grundbegriffe und des Privatrechts. Rostock, 1853. d. rel. 2.—
Tout ce qui a paru.

920. **Schmitt, J.,** Die Selbsthilfe im röm. Privatrecht. Erlangen, 1858. 1.—

921. **Schneider, K. A.,** Die allgem. subsidiären Klagen des röm. Rechts. Rostock, 1834. d. veau. 1.25

922. —— Das altcivile und Justinian. Anwachsungsrecht bei Legaten und die caducar. Bestimmungen der Lex Julia et Papia. Berlin, 1837. d. rel. 1.25

923. **Schoemann, G. F.,** Antiquitates juris publici Graecorum. Gryphisw. 1838. d. rel. 1.50

924. **Schoene, G.,** Die Amtsgewalt der Fränkischen maiores domus. Brschw. 1856. Av. tabl. généalog. 1.—

925. **Schöffenspruchsammlung, Leipziger,** (v. 1475—1520). Hrsg. von G. Kisch. Lpz. 1919. 12.50
Quellen z. Geschichte der Rezeption. I.

926. **Schottelius, J. G.,** De singular. quibusdam et antiquis in Germania juribus et observ. Kurtzer Tractat von unterschiedl. Rechten in Teutschland: Das Hagestoltzen Recht, Fürsten-, Zehnd-, Garten-, Haverey-, Assorantz-, See-, Stapel-, Vehm-Recht, etc. M. Nachlese und Anh.: Von Westphäl. Gerichts, von der alten Ritter-Straffe des Hunde-tragens,

vom Gericht des H. Abendmahls, idem des Corszned, etc. (von J. W. Gericken). Franckf. 1718. 2 tom. 1 vol. pet. in-8vo. veau. 7.50

927. **Schottelius, J. G. — Gericken, J. W.,** Schottelius illustr. et continuatus s. spicilegium ad J. G. Schottelii. De singular. et antiq. in Germania juribus. Lpz. 1718. d. veau. 2.50

928. **Schrader, E.,** Abhandl. a. d. Civilrecht. Hann. 1808. 2 vol. 1.75

929. —— Die prätor. Edicte der Römer. 1815. — Tituli Digestorum de condictione ob turpem causam et de testibus. 1819. — etc. Ens. 3 pièces. 1.75

930. **Schroeder, R.,** Geschichte des ehelichen Güterrechts in Deutschland. Stettin, 1863, 74. 2 vol. *Epuisé et très rare.* 15.—

Die Zeit der Volksrechte. — Die Zeit der Rechtsbücher. — Das schwäbisch-bairische Recht. — Das Mittelalter. — Das frankische Recht. — Das sächsische und friesische Recht.

931. —— Untersuch. zu den fränkischen Volksrechten. Würzb. 1879. fol. 1.50

932. —— Die Franken und ihr Recht. 1881. — Zur Kunde des Sachsenspiegels. (v. 1890). *T. à p.* — Wörterbuch der älteren deutschen Rechtssprache. 1902. *T. à p.* 1.75

933. —— Lehrbuch der deutschen Rechtsgeschichte. Lpz. 1889. Av. 4 cartes. d. veau. (14.95) 7.—

934. **Schröter, A.,** Die 100jähr. Geschichte der Einzelhaft. Hamb. 1877. *T. à p.* 0.60

935. **Schuler-Libloy, Fr.,** Deutsche Rechtsgeschichte. 2e verm. Aufl. Wien, 1868. Av. 3 cartes. (2.40) 1.—

936. **Schulin, F.,** Lehrb. der Geschichte des röm. Rechts. Stuttg. 1889. (7.20) 3.—

937. **Schüller, Ch. L.,** De necessitudine cum morali tum civili inter patronum et libertum. Ultr. 1838. 1.—

938. **Schulte, J. F. von,** Die Geschichte der Quellen und Litteratur des canon. Rechts von Gratian b. a. die Gegenwart. Stuttg. 1875—80. 4 tom. 2 vol. gr. in-8vo. d. rel. 30.—

939. **Schultze A.,** Die langobard. Treuhand und ihre Umbildung zur Testamentsvollstreckung. Breslau, 1895. (4.50) 2.75

Unters. z. d. Staats- und Rechtsgesch. von O. Gierke. H. 49.

940. **Schulze, C. F.,** Von den Volksversammlungen der Römer. Gotha, 1815. 1.50

941. **Schulze, H.,** Das Erb- und Familienrecht der deutschen Dynastien des Mittelalters. Halle, 1871. 1.—

942. **Schurtzfleisch, C. S.,** Recht der römischen Kayser auff Italien. S. l. 1709. 4to. 1.—

943. **Schwarz, Chr. G.,** Erläuter. des academ. Problematis von des H. R. Reichs Erz- Schild- Herrn-Amt. Altdorff, 1739. Av. 3 pl. 4to. cart. 2.—

944. **Schweppe, A.,** Das römische Privatrecht in seiner heut. Anwendung. 4e Ausg. Gött. 1828—33. 5 vol. cart. (16.20) 2.—

945. —— Römische Rechtsgeschichte und Rechtsalterthümer. 3e Aufl. hrsg. von C. A. Grundler. Gött. 1832. d. veau. (7.45) 1.—

946. **Schwerin, C. von,** Deutsche Rechtsgeschichte. Berlin, 1912. 1.50

Grundr. d. Geschichtswiss., II, 5.

947. **Scriptores** de jure nautico et maritimo: J. F. Stypmannus, Jus maritimum et nauticum; R. Kuricke, De adsecurationibus; J. Loccenius, Jus maritimum. Praef. est J. G. Heineccius. Halae Magdeb. 1740. 4to. vél. 16.—

948. **Seeler, W. von,** Zur Lehre von der Conventionalstrafe nach Römischem Recht. Halle, 1891. 0.75

949. **Seeliger, G.,** Volksrecht und Königsrecht? Untersuch. zur fränkischen Verfassungs- und Rechtsgeschichte. Lpz. 1898. *Extr.* 1.—

950. **Sell, C.,** Die Recuperatio der Römer. Brschw. 1887. d. veau. 1.25

951. —— Römische Lehre der dinglichen Rechte oder Sachen-Rechte. 2e Aufl. Bonn, 1852. T. I (seul paru). d. rel. 1.50

952. **Sell, W.,** Uber der römisch-rechtliche Aufhebungsart der Obligationen durch concursus duarum causarum lucrativarum. Zürich,1839. cart. 1.50

953. **Sénatus-Consulte** inédit de l'an 170 av. notre ère. Publ. p. P. Foucart. Paris, 1872. Av. facs. d. rel. 1.25

954. **Senckenberg, H. Chr.,** Selecta juris et historiarum tum anecdota tum jam edita, sed rariora. Francof. 1734. 6 vol. d. vél. 15.—

*Contient e. a.:* Statuta Francofurtensia. — De vasallis et nobilibus Francofurt. — Diploma Moguntina. — Diplomata Wurtembergica. — Chartularium Nassovicum. — Chronicon Austriacum 1458. — etc.

955. —— Von der kays. höchsten Gerichtsbarkeit in Deutschland. Franckf. 1760. Av. 3 pl. 4to. d. vél. 6.—

956. **Sententiae** lat. reddit. à Ludov. XIII, Galliar. rege et Navarrae. Paris. 1610. 4to. 3.50

957. **Serafini, E.,** Della revoca degli atti fraudolenti. II. Dell'azione Pauliana. Pisa, 1889. 2.—

958. **Serres, C.,** Explication de l'Ordonnance du roy Louis XV, du mois d'août 1747. Avignon, 1748. pet. in-8vo. veau. 2.50

959. **Seuffert, J. A.,** Praktisches Pandektenrecht. 3e Aufl. Würzb. 1852. T. I, II. 1 vol. d. veau. 1.50

960. **Seydel, M.,** Die Lehre vom Macedon. Senatsbeschlusse. Würzb. 1869. cart. 1.—

961. **Siebenhaar, E.,** Correalobligationen n. röm., gemein. und sächs. Rechte. I. Römisches Recht. Lpz. 1837. 0.75

962. **Sietze, K. F. F.,** Grundbegriff Preuss. Staats- und Rechtsgeschichte. Berlin, 1829. 1.—

963. **Sigonius, C.,** De antiquo iure populi Romani. Bon. 1574. fol. vieux mar. rouge, compart., dos doré, tr. dor. 20.—

964. **Singendonck, J. A.,** De privilegiis militum jure romano. L. B. 1832. 1.—

965. **Slotemaker, A.,** De leer v. d. modus n. Rom. recht. Arnhem, 1889. 1.25

966. **Soden, J.,** Geist der peinl. Gesetzgebung Teutschlands. Frankf. 1792. 2 tom. 1 vol. d. veau. 1.50

967. **Sohm, R.,** Die Fränkische Reichs- und Gerichtsverfassung. Weimar, 1871. 15.—

Fort rare.

968. **Solorzano Pereira, J. de,** De Indiarum jure, s. de justa Indiarum Occident. inquisitione, acquisitione et retentione. Lugd. 1672. 2 tom. 1 vol. fol. vél. cordé. *Bel ex.* 40.—

969. **Sotomayor, I. del Castillo,** Opera omnia. Lugd. 1667—86. 8 tom. et Index. En 6 vol. fol. d. vél. 60.—

970. **Soulatges, J. A.,** Traité des crimes; de la nature des crimes; la manière d'instruire les proces criminels. Toulouse, 1762. 3 vol. pet. in-8vo. veau. 4.50

971. **Spaltenstein, M.,** Das specif. jurist. Geschäft im röm. Obligationenrecht. Strassb. 1876. 1.50

972. **Spangenberg, E.,** Beijtr. zu den teutschen Rechten des Mittelalters, zur Kunde und Kritik der altgerman. Rechtsbücher und des Sachsen- und Schwaben-Spiegels. Halle, 1822. Av. 13 pl. 4to. d. rel. *Rare.* 5.—

973. **Stadtrecht, Das,** von München nach bisher ungedruckten Hss. Hrsg. von F. Auer. München, 1840. d. rel. 6.—

974. **Stadtrechte** von Brünn a. d. 13. und 14. Jahrh., nach bisher ungedruckten Hss. Hrsg. von E. F. Rössler. Prag, 1852. Av. 5 pl. 4.50

Deutsche Rechtsdenkmäler aus Böhmen. II.

975. **Stadt-, Schiff- und Landrechte Hamburgs, Die ältesten.** Hrsg. von J. M. Lappenberg. Hamb. 1845. cart. *Epuisé.* 6.—

Hamb. Rechtsalterthümer. I.

976. **Stahl, F. J.,** Das ältere römische Klagenrecht. 1827. — De matrimonio ob errorem rescindendo comment. 1841. 4to. — Ens. 2 pièces. 1.25

977. **Stammler, C.,** Das Recht des Breidenbacher Grundes. Breslau, 1882. 1.—

Untersuch. z. Deutschen Staats- und Rechtsgeschichte. Hrsg. von O. Gierke. XII.

978. **Statuta consistorialia,** ac reform. judicior., spiritual., civit. et dioce. Leodiensis. Traj. (ad Mosam), J. Bathenius, 1553. Av. blason sur le titre et la marque de l'imprimeur à la fin. 4to. d. veau. 30.—

Jac. Bathenius fut le premier imprimeur à Maestricht. Cet ouvrage est le second qu'il publia, le premier datant de 1552. Voir Deschamps, col. 1251.

979. **Statuta provincialia** Forcalqueriique comitat. C. comment. L. Massae. Acc. F. Fortii not. ad marg. Adiousté un livret, de la genealogie des comtes de Provence, tiré de F. d. Clappiers. Aix, N. Pillehotte et J. Tholosan, 1598. 4to. Ancienne reliure en veau fauve, tr. dor. 60.—

Statuts de Forcalquier, en France, dans les Basses-Alpes.

980. **Statuten, Die Goslarischen,** m. systemat. Zusammenstellung der darin enthalt. Rechtssätze und Vergleichung des Sachsenspiegels. Hrsg. von O. Göschen. Berlin, 1840. cart. *Epuisé.* 6.—

981. **Statuti** della honoranda universita' de mercanti della inclita citta di Bologna riformati l'anno MDL. Bologna, A. Giaccarello, 1550. Av. marque de l'imprimeur sur le titre. fol. vél. 40.—

982. **Sterzinger, F.,** Von den Gesetzen der Boien vor dem Könige Theodorich. (München, 1763). 4to. 1.—

983. **Stintzing, R.,** Das Wesen von Bona Fides und Titulus in der röm. Usucapionslehre. 1852. — Das Verhältnis der Legis actio sacramento zu dem Verfahren der sponsio praejudiciales. 1853. 1.25

984. **Stobbe, O.,** Geschichte der deutschen Rechtsquellen. Brschw. 1860, 64. 2 vol. cart. (9.90) 6.—

985. **Stockmans, P.,** Opera omnia. Brux. 1700. 2 tom. 1 vol. 4to. vél. 6.—

*Contient:* Decisiones Brabantinae. — De jure devolutionis. — Jus Belgarum circa bullarum Pontif. recept. — etc.

986. **Stölzel, A.,** Die Entwicklung des gelehrten Richterthums in deutschen Territorien. Stuttg. 1872. 2 tom. 1 vol. d. rel. 6.—

987. —— Ein Karolinger Königshof in tausendjähriger Wandlung. Beitr. z. Gesch. des Hagestolzenrechts. Berlin, 1919. 3.50

988. **Strauchius, J.,** Opuscula jurid.-histor.-philolog. rariora. Cura C. G. Knorrii. Halae Magdeb. 1729. 4to. d. veau. 3.50

989. **Strempel, G. L.,** Die justa causa bei der Tradition. Wismar, 1856. d. rel. 1.—

990. **Struvius, B. G.,** Corpus juris publici imperii Romano-Germanici. Ed. 3a. Jenae, 1738. Av. portrait et pl. 4to. veau. 6.—

991. **Strykius, S.,** Examen juris feudalis methodo Institut. Acc. sollemnia princip. et taxa dignit. im imperio (Ancien allemand). Vienn. (1679). veau. 3.50

992. **Sulla, L. C. — Zachariä, K. S.,** Sulla als Ordner des röm. Freystaates. Heidelb. 1834. 2 tom. 1 vol. 1.—

993. **Suraeus, H.,** Arrestum s. placitum parlamenti Tholosani cont. historiam (in casu matrimoniali) admodum memorabilem adeoque prodigiosam, una cum centum.... annotat. I. Corasii. Ex Gallica. Francof., A. Wechel, 1576. pet. in-8vo. 10.—
Curieux. Légères taches d'eau.

994. **Surland, J. J.,** Grondstell. van 't Europ. zeerecht. U. h. Hgd. d. I. Le Long. Amst., S. Schouten, 1751. 10.—
Taché.

995. **Swellengrebel, J. H. G.,** De fontibus juris francici, cum universe, tum in heredum ordine succedendi. Ultr. 1828. 1.50

996. **Swinderen, P. J. v.,** De aera molacitano et salpensano. Gron. 1856. 1.50

997. **Swinderen, W. M. de Marees v.,** De studio, quod legislatores, inde a saec. XVIII parte posteriori, in legibus criminal. emend. ac reform. posuerunt. Gron. 1827. veau. 1.—

998. **Syringius, C. H.,** Aurea praxis juris decimandi. Oder Vorstell. und Ausübung des Zehend-Rechts. Nürnb. 1708. Av. front. 4to. vél. 4.50

999. **Tacite. — Telting, J.,** Sporen van Oud-Germaansch strafregt in de Germania van Tacitus. Leeuw. 1862. *Extr.* 1.25

1000. **Tadama, R. W.,** Het veemgericht en het latere Duitsche Rijks-Kamergerigt. Leiden, 1857. 1.50

1001. **Tancretus,** Tractatus.... ad universa fere veterum practicorum scripta non aspernandum. Argent., C. Mylius, 1545. pet. in-8vo. veau. 12.—
Voir Savigny, Geschichte des röm. Rechts im Mittelalter, t. V, p. 120 etc.

1002. **Tanusius, B.,** Epistola de pandectis Pisanis in Amalphitana dereptione inventis ad acad. Etruscos. Florent. 1731. 4to. vél. 3.50

1003. **(Tassulo, de Pilati de),** Traité des lois civiles. La Haye, 1774. 2 vol. 2.50

1004. **Taylor, J.,** Comment. ad L. Decemviralem de inope debitore in partis dissecando. Acc. notae ad Marmor Bosporanum. De voce Yonane. De historicis Anglicanis, etc. (Texte latin et anglais). Cantabr. 1742. 4to. vél. 4.—

1005. **Terrasson, A.,** Histoire de la jurisprudence romaine. Paris, 1750. fol. veau. 7.50

1006. **Tex, C. A. den,** De antiqui juris principiis in excolenda jurisprudentia romana constanter servatis. 1817. — De insigni honore quo habiti fuerunt cum philosophi apud Graecos tum Romanae iurisconsulti. 1820. 4to. 1.50

1007. **Theodosiani** codicis genuini fragmenta. Ed. W. F. Clossius. 1824. — **Theodosiani** codicis antiqua summaria ex codice Vaticano. Ed. G. Haenel. 1834. — 2 pièces. 1.—

1008. —— codicis ll. V priores. Rec. W. F. Clossius et A. Peyron. Instr. C. F. Ch. Wenck. Lps. 1825. cart. 1.—

1009. **Thomas van Aquino. — Nolens, W. H.,** De leer v. d. H. Thomas van Aquino over het recht. Utr. 1890. 3.50

1010. **Thonissen, J. J.,** Etudes sur l'histoire du droit criminel des peuples anciens. (Inde Brahmanique, Egypte, Judée). Brux. 1869. 2 vol. 5.—

1011. **Thonissen, J. J.,** Le droit criminel de la Grèce légendaire. Brux. 1870. *Extr.* 1.—

1012. **Thurm, A. A.,** De Romanorum legatis, reipublicae liberae temporibus ad exteras nationes missis. Lps. 1883. 1.50

1013. **Tichelaar, P. A.,** Begrip en toepassing der culpa lata in het Romeinsche recht. Utr. 1885. 1.50

1014. —— Het Romeinsche recht en de histor. school. Haarlem, 1897. 1.—

1015. **Tigerström, F. G. de,** De judicibus apud Romanos. Berol. 1826. 1.—

1016. **Tittmann, C. A.,** Geschichte der deutschen Strafgesetze. Lpz. 1832. d. veau. (2.75) 1.25

1017. **Tornovius, P.,** De feudis Mecklenburgicis eorumque jure. Güstrov, 1708, 11. 2 tom. 1 vol. Av. 2 portr. 4to. vél. 6.—

1018. **Torre, J.,** De successione in majoratibus et primogenituris Italiae. Lugd. 1688. 3 vol. fol. d. veau. 7.50

1019. **Tractatus, Selecti,** assecurationis et cautionis. Ven. 1580. fol. vél. (Rel. cassée). 15.—

*Contient e. a.*: **P. Santerna,** De assecuratione et sponsione.

1020. **Traicté, Beau,** de la diversité de nature des fiefs en Flandres. Publ. p. J. Ketele. Gand, 1839. 1.25

Taché d'eau.

1021. **Translaet** vande Ordinantie ende mandaet van Z. K. Mateyt vuytgegaen in hoochduytsche taele, tegens de Ingelsche Monopoliers ghenoemt Marcantz auanturiers, residerende te Staden. Bruessel, R. Velpius, 1597. 4to. br. 65.—

Edition néerland. du célèbre édit de Rudolphe, Empereur allemand, 1 août 1597, par lequel les „Merchant Adventurers" anglais furent expulsés de l'Empire, où ils s'étaient établis à Staden.

Cet édit fût cause de leur établissement en Hollande.

Pamphlet extrêmement rare; on en connaît seulement un ex. dans la collection v. d. Wulp.

1022. **Translaet** van des keysers octroybrief, ende 't accoort verleent den Evangelischen drie Stenden von Bohemien.... daer by denselven de vrye oeffeninghe van haerlieder religie toeghestaen wordt. 's-Grav. 1609. 4to. 5.—

1023. **Trials, Criminal.** London, 1832, 35. 2 vol. pet. in-8vo. toile. 4.50

I. Memoirs and trials of N. Throckmorton, of the duke of Norfolk, W. Parry, earl of Essex, Walter Raleigh, etc. — II. The gun powder plot, etc.

1024. **Tromp, J. W.,** Annotat. ad nonnulla ICtorum fragmenta. Leov. 1837. d. veau. 1.—

1025. **Tromp, S. W.,** De Pericle eiusque reipublicae Atheniensium administratione. L. B. 1837. veau. 1.—

1026. **Troplong,** De l'influence du Christianisme sur le droit civil des Romains. 2e éd. Paris, 1855. 0.75

1027. **Typaldo-Bassia, A.,** La communauté de biens conjugale dans l'ancien droit français (étude de droit coutumier). Paris, 1903. 1.25

1028. **Ubbelohde, A.,** Über den Satz: Ipso jure compensatur. 1858 — Über die usucapio pro mancipato. 1873. *Extr.* — Ens. 2 pièces. 1.50

1029. **Uggla, C. H.,** Svea-Rikes Rads-Langa. Stockh. 1791. 4to. 2.50

1030. **Ulpiani** fragmenta. Emend. E. Bocking. Lps. 1855. 1.—

1031. —— **Ballhorn, genannt Rosen, Fr.,** Ueber Pominium. Ein Titel aus Ulpians Fragmenten. Lemgo, 1822. d. veau. 1.—

1032. —— **Schilling, F. A.,** De Ulpiani fragmentis. Vratisl. 1824. 0.75

1033. **Unterholzner, K. A. D.,** Lehre des röm. Rechts von den Schuldverhältnissen. Hrsg. von F. E. Huschke. Lpz. 1840, 52. 2 vol. d. veau. (13.75) 4.50

1034. **Urkunden** zur Geschichte des deutschen Privatrechts. Hrsg. von H. Loersch, R. Schroeder u. A. Reifferscheid. Bonn, 1874. (3.—) 1.50

1035. **Urkunden, Ausgewählte,** zur Verfassungs-Geschichte der deutsch-oesterreich. Erblande im Mittelalter. Hrsg. von E. von Schwind und A. Dopsch. Innsbr. 1895. toile. 4.50

1036. **Valentibus, F. de,** Dissertat. fiscales. Romae, 1751. 3 vol. fol. vél. 20.—

1037. **Valeton, I. J. M.,** Over de rechten der patricische gentes in Rome. 1894. *Extr.* — Het oud-romeinsche huwelijk in het licht v. h. zedelijk oordeel. 1903. — etc. Ens. 3 pièces. 2.—

1038. **Valla, N.,** De rebus dubiis. Ed. 5a. Arnhemii, Jac. Biesius, 1638. 4to. vél. 5.—

1039. **Vanderkindere, L.,** Histoire de la formation territoriale des principautés belges au moyen-âge. Brux. 1899. T. I. 1.50

Tout ce qui a paru de cette édition.

1040. **Vangerow, C. A. von,** Ueber die Latini Juniani. Marburg, 1833. cart. 1.—

1041. **Vargha, J.,** Die Abschaffung der Strafknechtschaft. Graz, 1896, 97. 2 vol. (15.60) 9.—

1042. **Varus, P. A. — Eik, J. A. v.,** De Publio Alfeno Varo. L. B. 1831. 1.25

1043. —— **Lange, P. A. de,** De fragmentis Alfeni Vari digestorum a Paulo epitomatorum. Amst. 1835. 1.25

1044. **Veder, A.,** Historia philosoph. juris apud veteres. L. B. 1832. cart. 1.25

1045. **Verhandeling, Algemeene,** v. d. heerschappy der zee en een compleet lichaam v. d. zeerechten.... byz. van Oleron, Wisbui, de Hanse steden, etc. mitsg. diss. over de jurisdictie.... in de admiral. van England, etc. U. h. Eng. d. P. Le Clercq. Amst. 1757. Av. pl. 4to. d. veau. 7.50

1046. **Vering, F. H.,** Geschichte und Institutionen des röm. Privatrechts. Mainz, 1865. gr. in-8vo. d. rel. (3.60) 1.50

1047. —— Même ouvrage. 2e Aufl. Mainz, 1867. cart. 1.50

1048. **Verloren, J. P.,** Het constitutum possessorium in het romeinsche recht. Utr. 1867. 1.50

1049. **Ver Loren v. Themaat, H. B.,** Zorg vóor den veroordeelde in het bijz. na zijne invrijheidstelling. Utr. 1910, 11. 2 forts vol. Av. quelques ill. gr. in-8vo. 12.—

De patronaatsvereenigingen. — Geschiedk. ontwikkeling v. h. patronaat in verband m. h. gevangeniswezen (de Oudheid — kerkelijke invloed — de late Middeleeuwen — de 16e en 17e eeuw — John Howard — Elisabeth Fry — etc.). — De internat. congressen. Cette dernière partie comprend 425 pp. Pp. 703—737: Varia Americana.

1050. **Verzameling** van 24 orig. charters, privilegien en keuren van Vlaenderen van de 13e— 16e eeuw. Gend, (1788). fol. d. veau. 5.—

1051. **Verzeichniss** der Rheinischen Weistümer. Vorarbeit. zu der unternommenen Ausgabe. Trier, 1883. Av. carte. 2.50

1052. **Veuillot, L.,** Le droit du seigneur au moyen age. Paris, 1854. 4.50

1052a. —— **Delpit, J.,** Réponse d'un campagnard à un Parisien, ou réfutation du livre de Veuillot sur le droit du seigneur. Paris, 1847. 6.—

1053. **Vissering, S.,** Quaestiones Plautinae. Specimen literarium inaug. — **Id.,** Specimen iuridicum inaug. — Amst. 1892. 2 tom. 1 vol. d. veau. 2.50

1054. **Vizévene, I.,** Adnotat. ad „de actionibus emti venditi". H. C. 1849. 1.—

1055. **Voet, G.,** Tractatus selecti de politica ecclesiastica. Ed. F. L. Rutgers et Ph. J. Hoedemaker. Amst. 1885, 86. 2 vol. 4to. d. veau. (15.—) 10.—
Bibliotheca reformata II en III.

1056. **Voet, P.,** De statutis eorumque concursu. Amst., J à Waesberge, 1661. 12mo. vél. *Rare.* 10.—
Titre timbré.

1057. —— De familia erciscunda. Ultr., J. Ribbius, 1672. pet. in-8vo. 6.—
Edition originale.

1058. —— De jungenda Romani et hodierni juris scientia. L. B., J. Verbessel, 1688. 4to. 1.50

1059. **Voigt, M.,** Uber das Aelius- und Sabinus-system. Lpz. 1875. 1.—

1060. —— Die XII Tafeln. Geschichte und System des Civil -und Criminal-Rechtes, wie-Processes. Lpz. 1883. 2 vol. d. rel. 18.—

1061. **Voit à Berg, C. F.,** Comment. juridica de pictura famosa et de specie juris German. pacto nimirum, quo maiores nostri, sub pict. fam. sese obligarunt, etc. Jenae, 1748. Av. front. curieux. 4to. 2.50

1062. **Vollenhoven Jr., C. v.,** De senatus consultis et constitution. princ. sec. Gaji institutt. comment. IV. Rott. 1832. 1.25

1063. **Vos, B. H.,** Rechtsgeschiedkund. beschouw. over het Romeinsche huwelijk. Leiden, 1913. 1.75

1064. **Vos, L.,** Iniuria en de actio iniuriarum. Amst. 1913. 1.50

1065. **Vossius, G. J.,** De jure magistratus in rebus ecclesiast. Amst., J., Blaeu, 1669. 4to. 5.—

1066. **Vries, Af. G. de,** De foeneris nautici contractu jure attico. Harl. 1843. 1.—

1067. **Waas, A.,** Vogtei und Bede in der deutschen Kaiserzeit. I. Berlin, 1919. T. I (seul paru). 1.50

1068. **Wächter, C. G. von,** Beitr. z. Deutschen Geschichte, insbes. z. Geschichte des Deutschen Strafrechts. Tüb. 1845. d. rel. 1.75

1069. **Waechtler, C.,** Opuscula jurid.-philologica. C. praef. C. H. Trotz. Ultr., J. v. Langkom, 1733. vél. 3.50

1070. **Wagener, A.,** Sur la liberté de conscience à Athènes. Brux. 1884. *Extr.* 1.—

1071. **Wagner, A.,** De fecialibus et iure feciali populi Romani. Helmstad, 1734. 4to. 1.—

1072. **Wagner R.** De lege Lutatia. Gött. 1844. 4to. 1.—

1073. **Waitz, G.,** Deutsche Verfassungsgeschichte. Kiel, 1874—85. 8 vol. d. veau. 55.—
I. Die Verfassung des Deutschen Volkes in ältester Zeit. 3e Aufl. — II—IV. Die Verfassung des Fränkischen Reichs. 3e und 2e Aufl. — V—VIII. Die deutsche Reichsverfassung vom IX.—XII. Jahrh.
Ex. complet de cet ouvrage rare et estimé.

1074. **Wal, I. de,** De juris civilis docendi discendique via ac ratione apud romanos. Gron. 1839. 1.25

1075. **Waldberg, J. R. von,** Die mora debitoris in Bezieh. zur culpa n. d. röm. Rechte. Berlin, 1878. 0.75

1076. **Walquenart, A.,** Droit romain de la convention d'hypothèque. Droit français de la responsabilité civile des notaires. Paris, 1877. 1.—

1077. **Walter, F.,** Geschichte des röm. Rechts bis auf Justinian. 2e Aufl. Bonn, 1845. 2 vol. d. veau. (9.—) 1.50
1078. —— Même ouvrage. 3e Aufl. Bonn, 1860, 64. 2 vol. d. rel. (9.25) 2.50
1079. —— Deutsche Rechtsgeschichte. Bonn, 1853. d. veau. (7.20) 1.50
1080. —— Même ouvrage. 2e verb. Ausg. Bonn, 1857. 2 vol. cart. (7.20) 2.75
1081. —— Histoire du droit criminel chez les Romains. Trad. p. J. Picquet-Damasme. Paris, 1863. *Rare.* 6.25
1082. **Waree, C. B.,** Curiosités judiciaires histor., anecdot. Paris, 1859. 1.—
1083. **Warnkönig, L. A.,** Flandrische Staats- und Rechtsgeschichte bis 1305. Tüb. 1835—39. 3 vol. Av. carte et facs. d. veau. (29.25) 15.—
1084. —— Histoire de la Flandre et de ses institutions civiles et politiques jusqu'à l'année 1305. Trad. de l'allem. p. A. E. Gheldorf. Brux. 1835. T. I. Av. facs. 8.—
1085. —— Histoire constitut. et administr. de la ville de Gand et de la châtellenie du Vieux-Bourg, jusqu'à l'année 1305. Trad. p. A. E. Gheldolf. Brux. 1846. 1.50

Histoire de la Flandre. T. III.

1086. —— Histoire administr. et constitut. des villes et chatellenies d'Ypres, Cassol, Bailleul et Warnêton jusqu'à l'an 1305. Refond. et augm. p. J. E. Gheldolf. Paris, 1864. 3.—

Histoire de la Flandre. T. V.

1087. —— Die staatsrechtl. Stellung der Kathol. Kirche in den Kathol. Ländern des Deutschen Reichs bes. im 18en Jahrh. Erlangen, 1855. 1.25
1088. —— Institutiones juris Romani privati. Ed. 4a. Bonnae, 1860. cart. 0.60
1089. —— und **L. Stein,** Französ. Staats- und Rechtsgeschichte. Basel, 1846. 3 vol. Av. cartes. gr. in-8vo. toile. 7.50
1090. —— Histoire externe du droit romain. Brux. 1836. 1.—
1091. **Washington, J.,** De actione Pauliana. L. B., Elzevier, 1711. 4to. 0.75
1092. **Wauters, A.,** Les bois communaux de Chimay. Recherches histor. sur les droits des communes. Brux. 1881. gr. in-8vo. 0.75
1093. **Weidlich, Chr.,** Biograph. Nachrichten von den jetst lebenden Rechts-Gelehrten in Teutschland. M. Vorrede v. d. gegenwärt. Zustande der jurist. Litteratur in T. Halle, 1781—83. 4 tom. 2 vol. pet. in-8vo. d. vél. 7.50
1094. **Weisthümer, Oesterreich.** Gesammelt v. d. Kais. Akad. der Wissenschaften. Wien, 1870—1913. T. I—XI. En 12 vol. gr. in-8vo. 75.—
1095. **Weiszäcker, C.,** Das röm. Schiedsrichter-amt unter Vergl. mit dem Officium judicis. Tüb. 1879. 0.75
1096. **Welter, A. K.,** Das gutsherrlich-bäuerliche Rechtsverhältniss im früh. Hochstifte Münster und in and. Gegenden Westfalens. Münster, 1836. cart. 1.50
1097. **Westenbergius, J. O.,** De causis obligationum. Harderov., Vid. et fil. A. Sas, 1704. pet. in-8vo. 2.—
1098. —— Principia juris sec. ord. Institutt. Ed. 7a. L. B. 1842. 1.—
1099. **Wetsels, P. J. N.,** De tetialibus. Gron. 1854. 1.—
1100. **Weve, F. A. T.,** De origine et progressu testamenti factionis jure romano. H. C. 1844. 1.—
1101. **Weyhe, C. G.,** Ll. III edicti s. de origine fatisque jurisprudentiae Romanae, ac de forma edicti perpetui. Cellis Luneb. 1821. 4to. d. veau. 2.—

1102. **Weytsen, Q.,** Tractaet van avarien, d. i. ghemeene contributie der koopmanschappen ende goederen in den schepe bevonden, om te helpen dragen 't verlies van eenige goederen, gebeurt om lijf, schip en goed te salveren. 's-Grav., J. Doll, 1651. 4to. 5.—

1103. **(Wiarda, T. D.),** Von den Landtagen der Friesen in den mittlern Zeiten bey Upstalsboom. Bremen, 1777. pet. in-8vo. cart. 2.50

1104. —— Même ouvrage. 2e umgearb. und verb. Ausg. Leer, 1818. 2.—

1105. **Wilda, W. E.,** Das Strafrecht der Germanen. Halle, 1842. cart. *Rare.* 15.—

Geschichte des Deutschen Strafrechts. I.

1106. **(Wilde, J.),** Sueciae historia pragmatica, quae vulgo jus publicum dicitur. Holmiae, 1731. 4to. vél. cordé. 6.—

Marque de bibliothèque sur le titre.

1107. **Wildungen, L. C. E. H. F. a,** De usufructu materno in bonis liberorum. Marb. Catt. 1733. 4to. cart., n. r. 1.—

1108. **Willems, P.,** Le droit public romain ou les institutions politiques de Rome depuis l'origine jusqu'à Justinien. 4e éd. Paris, 1880. gr. in-8vo. d. rel. 6.—

1109. —— Même ouvrage. 6e éd. Paris, 1888. gr. in-8vo. d. veau. 7.50

1110. —— Les élections municipales à Pompéi. (Brux.) 1886. *Extr.* 1.25

1111. **Willküren** der Brockmänner eines freyen friesischen Volkes. Hrsg. und übers. von T. D. Wiarda. Berlin, 1820. 3.—

Av. corrections de la main de M. A. Telting.

1112. **Winter, A.,** Die Bildung der Ersten Kammern in Deutschland. Tüb. 1870. d. rel. 2.50

1113. **Wittich, A.,** De reipublicae Romanae ea forma. Lps. 1834. cart. 1.—

1114. **Wittmann, F. M.,** Das altgerman. Königthum. München, 1854. cart. 1.—

1115. **Wlassak, M.,** Anklage und Streitbefestigung im Kriminalrecht der Römer. Wien, 1917. (Sitz. ber. Ak. d. Wiss.) 3.—

1116. —— Anklage und Streitbefestigung (im röm. Recht). Abwehr gegen Ph. Lotmar. Wien, 1920. (Sitz. ber. Ak. d. Wiss.) 1.—

1117. **Wohlwill, A.,** Die Anfänge der landständ. Verfassung im Bisthum Lüttich. Lpz. 1867. 0.75

1118. **Wolf, A. G.,** Ad jus italicum. Utr. 1883. 1.50

1119. **Wöniger, A. T.,** Das Sacralsystem und das Provocationsverfahren der Römer. Lpz. 1843. d. veau. 1.50

1120. **Wunderlich, J.,** De usu inscript. rom. veterum in iure. — **I. F. Eisenhart,** De auctoritate et usu inscriptionum in iure. — Quedlinb. 1750. 2 tom. 1 vol. 4to. d. rel. 2.50

1121. **Wurmb, G. F.,** De usufructu materno in bonis liberorum sec. ius German. — **C. G. Ledderhose,** De usufructu paterno in Hassia. — Marb. 1775, 71. 2 tom. 1 vol. 4to. d. rel. 2.50

1122. **Wyss, F. von,** Die Haftung für fremde culpa nach röm. Recht. Zürich, 1867. cart. 1.—

1123. **Zacchias, P.,** Quaestiones medico-legales. C. Decisiones s. rotae Romanae. Lugd. 1661. 2 vol. fol. vél. 10.—

1124. **Zachariä, Th. M.,** Versuch einer Geschichte des Röm. Rechts. Lpz. 1814. d. rel. 1.—

1125. **Zachariä von Lingenthal, E.,** Die Unterscheidung zw. servitutes rusticae und urbanae. Heidelb. 1844. d. rel. 1.—

1126. **Zachariä von Lingenthal, K. E.,** Geschichte des Griechisch-Römischen Rechts. 2e Aufl. Berlin, 1877. d. rel. 3.—

1127. **Zachariä (von Lingenthal), K. S.,** Biograph. und jurist. Nachlass. Hrsg. von K. E. Zachariä von Lingenthal. Stuttg. 1843. (2.10) 1.—

1128. **Zasius, U. — Stintzing, R.,** Ulrich Zasius. Beitr. z. Geschichte der Rechtswissenschaft im Zeitalter der Reformation. M. urkundl. Beil. Basel, 1857. d. veau. 1.50

1129. **Zee-rechten,** inhoud. dat oudste water-recht van Wisbuy. M. de willekeuren enz. v. d. vaarders van Amsterdam op Rouan, Londen, Middelburg, enz. En het tractaet van avaryen by Q. Weytsen. Amst., C. v. d. Stolk, 1740. 4to. 5.—

1130. **Zimmern, S. W.,** Geschichte des Röm. Privatrechts bis Justinian. Heidelb. 1826, 29. T. I, 1—2, III. 3 vol. cart. 2.—

Tout ce qui a paru.

1131. **Zoeller, M.,** Römische Staats- und Rechtsaltertümer. Breslau, 1885. (3.60) 1.75

1132. **Zoepfl, H.,** Deutsche Staats- und Rechtsgeschichte. 2e verb. Aufl. Stuttg. 1844—47. 3 tom. 1 vol. d. veau. (9.30 br.) 2.50

1133. —— Geschichte der deutschen Rechtsquellen. 2e verm. Aufl. Stuttg. 1846. cart. 1.50

1134. —— Alterthümer des deutschen Reichs und Rechts. Lpz. 1860—61. 3 vol. 7.50

I—II. Alterthümer des deutschen Reichs und Rechts. — III. Die Rulands-Säule.

1135. **Zubli, D. J.,** De lege Aelia Sentia. L. B. 1861. 1.25

1136. **Zumpt, A. W.,** Das Criminalrecht der römischen Republik. Berlin, 1865—69. 4 tom. 2 vol. d. veau. 6.—

1137. —— Der Criminalprocess der Römischen Republik. Lpz. 1871. 2.—

1138. **Zumpt, C. G.,** Die Römischen Ritter und der Ritterstand in Rom. Berlin, 1840. 4to. (Akad.) 0.75

1139. **Zumpt, C. T.,** De legibus judiciisque repetundarum in republica Romana. Comment. III. Berol. 1847. 2 vol. 4to. (Akad.) (4.80) 1.50

---

1140. **d'Aguessau,** Oeuvres. Paris, 1759—98. 13 vol. Av. portrait. 4to. veau. 15.—

1141. *ΒΑΣΙΛΙΚΩΝ* Liber LX quo iuris civilis tit. LXX omnia crimina contin. veter. Graec. I. consult. scholiis explicantur: J. Cuiacio interpr. Lugd., C. Sennetonius, 1566. — **G. Niger** et **O. de Orto,** De feudis. S. l. (1566). — 2 tom. 1 vol. fol. vél. 7.50

1142. **Challine, P.,** Méthode générale pour l'intelligence des coustumes de France, suivant la doctrine de Ch. du Moulin, R. Choppin, e.a. Paris, 1666. vél. 6.—

1143. **Choix** de rapports, opinions et discours prononcés à la Tribune Nationale (1789—1819). Paris, 1818—22. 21 vol. Av. de nombr. portr. cart. 30.—

1144. **Claperiis, Fr. de,** Centuriae causarum in summa rationum vectigalium subsidiorumque provinciae curia decisarum etc. Acc. eiusd. De imperio et jurisdictione. Lugd., S. a Porta, 1589, (88). fol. vél. 7.50

1145. **Cochin, H.,** Oeuvres, contenant le recueil de ses mémoires et consultations. Paris, 1751—53. 4 vol. Av. portrait. 4to. veau. 12.—

1146. **Code de la Martinique.** (Réd. p. J. Petit de Vievigne). Saint-Pierre, P. Richard, 1767. 574 pp. — **Supplément.** Ibid. 1772. 160 pp. — **Second Supplément.** Ibid. 1786. 396 pp. En 1 vol. fol. veau, aux armes royales. 250.—

Première édition, fort rare, imprimée à la Martinique. Cet ouvrage est très important, c'est un document fondamental pour l'histoire des origines de cette colonie. Il contient les édits, déclarations, lois, ordonnances, arrêts et réglements des années 1642 à 1784 et est divisé en 8 parties, consacrées respectivement à l'administration générale, à l'église, au militaire, aux finances, au commerce, à la marine, à la justice et à la police.

La reliure un peu usagée et cassée.

1147. **Cohn, G.,** Gemeinderschaft und Hausgenossenschaft. Stuttg. 1898. *T. à p.* 1.50

1148. **Damhouder, J.,** Opera omnia, c. notis N. Thuldeni. Antw. 1646. fol. vél. cordé. (Les bords de la rel. légèr. endomm.) 15.—

1149. — — Pupillorum patrocinium iconibus ill. Antv., J. Bellerus, 1564. Av. 11 belles grav. s. bois en grandeur de la page et une vue de Bruges. 4to. vél. *Bel. ex.* 25.—

1150. **Gai** Codex rescript. in Bibliotheca Capitulari Ecclesiae Cathedralis Veronensis (Distinctus No. XV (13), cur. et stud. eiusdem bibliothecae custodis phototypice express. (ed. A. Spagnolo). Lpz. 1909. fol. d. veau. (180.—) 55.—

Reproduction en phototypie du célèbre Codex de Gaius.

1151. **Gratianus,** Decretum aureum c. suo apparatu. Lugd., Nic. de Benedictis, 1511. Av. grav. s. bois sur le titre et une grav. (arbor consanguinitatis). ais en bois, recouv. de veau estamp. 36.—

Belle impression.

1152. **Rivière, A.,** Histoire des biens communaux en France depuis leurs origine jusqu' à la fin du 13e siècle. Paris, 1856. *Rare.* 4.50

1153. **Sachsenspiegel. — Bilderhandschrift, Die Dresdener,** des Sachsenspiegels. Faksimile der Handschrift m. Einleit. von K. von Amira. Lpz. 1902. fol. En 2 portef. toile. (144.—) *Epuisé.* 45.—

Edition facsimile du ms. de Dresde du „Sachsenspiegel", qui est un des plus complets du grand nombre de mss. qui existe. L'édition se compose de 184 planches en phototypie, 6 en chromolithographie et 3 pl. complément. en autotypie. le ms. se distingue par les nombr. illustrations, qui sont d'importance pour les costumes et les moeurs du moyen-âge.

1154. **Salycetus, Barth. de,** Repertorium super Codice Justiniani. Lugd., J. D. Guarnerius et C. Trechsel, 1541. 4 vol. fol. dos en peau de truie. (Rel. mod.) 50.—

Belle impression. Rare.

Bel ex., grand de marges, bien relié, auquel manquent malheureusement les titres des tom. I, II et IV. Quelques marges sont endommagées, ça et là avec quelque perte des notes margin.

1155. **Theodosius. — Codex Theodosianus** c. comment. I. Gothofredi. Ed. nova coll. c. antiquissimo cod. ms. Wurceburgensi, recogn. et emend. a I. D. Ritter. Lps. 1736—43. 6 tom. 7 vol. fol. veau. 45.—

1156. **Ubaldini, U.,** Pratica de notari o sia formolario d'instrumenti. Ed. 2a expurg. et illustr. a D. Ubaldini. Neap. 1714. fol. vél. 5.—

Les chapitres sont en italien, les observat. en latin.

1157. **Vlaming, Th. M.,** Praelectiones de jure matrimonii. Warmundae, 1897—1902. 2 tom. 3 vol. 3.—

1158. **Zacchias, S.,** De obligatione camerali. Romae, 1647. fol. d. vél. 6.—

## LAW AND LEGISLATION, ECONOMICS, SOCIAL SCIENCES

**Belastingwetten, Nederlandsche. Bew. d. J. M. Bouscholte, uitgeg.** onder toez. van H. J. Romeijn. Bijgew. tot 1923. M. bijvoegsels. 1923. 8vo. cloth. (Suppl. sewed). 11.15

**Bemmelen, J. M. van, Van zedelijke verbetering tot reclasseering.** Geschied. v. h. Nederl. Genootschap tot zedelijke verbetering der gevangenen. 1823—1923. 1923. royal 8vo. cloth. 7.—

**Boasson, J. J., Het rechtsbewustzijn. Onderzoek naar het leven der** rechtsidee in het individueele bewustzijn. 1919. 8vo. cloth. 8.20

**Boekhold, B. F., Mijnrecht. 1912. royal 8vo. sewed.** 4.50

**Bosmans, C. J. E., et M. Visser, Répertoire des traités et des enga-**gements internationaux du XXe siècle concern. les Pays-Bas. 1921. royal 8vo. cloth. 10.—

**Bustamente y Sirvén, A. S. de, La Cour permanente de justice** internationale. Conférence à l'Académie de droit internat. de la Haye, 1er août 1923. 1923. royal 8vo. sewed. 2.50

**Carp, J. H., Het Bolsjewisme. 1921. royal 8vo. cloth.** 4.—

**Drucker, W. A., Handboek voor de studie v. h. Nederl. octrooirecht** in vergelijking m. h. buitenl. recht m. medew. van J. F. Lyckla-ma a Nijeholt. 1924. royal 8vo. cloth. 22.—

**Eisfeld, C., Das Niederl. Bankwesen. 1916. 2 vols. 8vo. cloth.** 4.80

**Eysinga, W. J. M. van, Ontwikkeling en inhoud der Nederl. trac-**taten sedert 1813. 1916. royal 8vo. cloth. 6.—

**François, J. P. A., Duikboot en volkenrecht. 1919. royal 8vo.** cloth. 7.60

**Fruin, R., Geschiedenis der staatsinstellingen in Nederland tot den** val der Republiek. Uitgeg. d. H. T. Colenbrander. 2e bijgew. dr. 1922. royal 8vo. cloth. 12.—

**Hajnal, H., The Danube. Its histor., politic. and econom. impor-**tance. 1920. 8vo. cloth. 8.—

**Han Tiauw Tjong, De industrialisatie van China. 1922. royal 8vo.** cloth. 12.—

**Huender, W., Overzicht van den econom. toestand der inheemsche** bevolking van Java en Madoera. 1921. royal 8vo. cloth. 6.50

**Idema, H. A., Parlementaire geschiedenis van Ned.-Indië, 1891—**1918. 1924. 8vo. cloth. 10.—

**Jitta, J., The renovation of international law on the basis of a jurid-**ical community of mankind. The Hague, 1919. royal 8vo. boards. 7.20

—— **The same. In French. 1919. royal 8vo. sewed.** 6.—

—— **The same. In German. 1919. royal 8vo. sewed.** 4.80

**Jongh, B. H. de, Beschouwing over eenige effecten- en crediet-** vormen in hun beteekenis voor de financiering der onderneming. 3e dr. 1924. royal 8vo. cloth. 5.50

**Knuttel, W. P. C., Regeeringskinderen. 1918. 8vo. sewed.** 3.60

**Kollewijn, R. D., Het beginsel der openbare orde in het internat.** privaatrecht. 1917. royal 8vo. sewed. 2.40

**Kosters, J., et F. Bellemans, Les conventions de la Haye, 1902—05,** sur le droit international privé. Recueil de législation etc. de jurisprudence. 1921. royal 8vo. h. calf. 57.50

**Krabbe, H., Het rechtsgezag. Verdediging en toelichting. 1917.** royal 8vo. cloth. 4.20

—— **Die moderne Staatsidee. Deutsche 2e verm. Aufl. 1919. royal** 8vo. sewed. 6.—

—— **The modern idea of the state. Transl. with introd. by G. H.** Sabine and W. J. Shepard. 1922. royal 8vo. cloth. 10.—

**Lammasch, H., Die Rechtskracht internat. Schiedssprüche. 1913.** 8vo. sewed. 4.50

**Lange, Chr. L., Histoire de l'internationalisme. I. Jusqu'à la paix** de Westphalie (1648). 1919. 8vo. sewed. 18.—

**Laun, R., Die Internationalisierung der Meerengen und Kanäle.** Bericht erstattet an die Neutrale Konferenz in Stockholm. 1918. royal 8vo. sewed. 3.60

**Lohman, A. F. de Savornin, Verzamelde opstellen. Uitgeg. d. H.** van Malsen. I. Staatsrecht. II. Staathuishoudkunde. 1921—23. 5 vols. royal 8vo. cloth. 65.—

**Louter, J. de, Handboek v. h. staats- en administratief recht van** Ned.-Indië. 6e omgew. uitg. 's-Grav. 1914. 8vo. cloth. 12.—

—— **Le droit internat. public positif. (Trad. du holland.). 1920.** 2 vols. royal 8vo. cloth. 14.25

**Matos, J., Curso de derecho internacional privado. Guatemala,** 1922. gr. in-8vo. sewed. 12.50

**Meulen, J. ter, Der Gedanke der Internationalen Organisation in** seiner Entwickelung, 1300—1800. 1917. royal 8vo. cloth. 12.—

**Napoléon, Maximes. Publ. p. K. J. Frederiks. Droit public. Politique** intérieure. 1922. 8vo. cloth. 4.80

**Neiszen, F. H., Mijnbouwpolitiek. 1920. royal 8vo. sewed.** 3.60

**Nygh, W. J. C. A., La politique financière des Pays-Bas pendant la** guerre. 1923. royal 8vo. sewed. 3.—

**Rengers, W. J. van Welderen, Schets eener parlementaire geschie-**denis van Nederland. 3e dr. 1918. royal 8vo. cloth. 12.—

**Rheinurkunden (Rijndocumenten). Sammlung zwischenstaatl.** Vereinbarungen, landesrechtl. Ausführungsverordnungen, etc. über die Rheinschifffahrt seit 1803. (German and Dutch text). 1919. 2 vols. royal 8vo. cloth. 42.—

**Schücking, W., Das völkerrechtl. Institut der Vermittlung. 1923.** 4to. sewed. 10.20

**Smits, P. H., Critische beschouwing der handeling voor gemeene** rekening. 1924. 8vo. cloth. 9.—

**Sybenga, T., De Grondwet van 1887, toegelicht. 6e bijgew. uitg.** M. Suppl. 1. 1921, 22. royal 8vo. cloth. (Suppl. sewed). 17.—

**Traités généraux d'arbitrage communiqués au bureau internat. de** la Cour permanente d'arbitrage. 1e—3e série. 1911—21. 3 vols. fol. boards. 10.—

**Verzijl, J. H. W., Het prijsrecht der neutralen in den wereldoorlog** van 1914 en volg. jaren. 1917. royal 8vo. sewed. 5.60

**Vollenhoven, C. van, The three stages in the evolution of the law of** nations. 1919. 8vo. sewed. 1.20

**Völlmar, H. F. A., Les finances de la Société des nations. 1924.** royal 8vo. 3.—

**Vries, M. de, Tien jaren v. h. Ned. bankwezen en de Ned. con**junctuur, 1866—76. 1921. royal 8vo. cloth. 3.80

**Walker, G., Internationales Privatrecht. 2e Aufl. 1922. royal** 8vo. h. calf. 9.—

**Wellenstein, E. P., Het Indische mijnbouwvraagstuk. 1918. W. 6** graph. figg. royal 8vo. sewed. 5.—

**Werken, uitgeg. d. de Vereen. Het Nederl. Econom. Archief. 1919** —23. Vols. I—IV. 4 vols. W. ill. royal 8vo. sewed. 41.40

**N. W. Posthumus,** Documenten betr. de buitenl. handelspolitiek van Nederl. and in de 19e eeuw. I—III. 1919—23. — **J. Feenstra Kuiper,** Japan en de buitenwereld in de 18e eeuw. 1921.

**Westerman, W. M., De concentratie in het bankwezen. Bijdr. tot de** kennis der econom. ontwikkeling van onzen tijd. 2e bijgew. dr. 1920. royal 8vo. cloth. 14.—

**Wetboeken, De Nederlandsche, zooals zij tot op 1 Mei 1922 zijn** gewijz. etc. Uitg. d. J. A. en Th. A. Fruin. 1923. 8vo. calf. 18.—

**Wichers, A. W., De rechtsleer der levensverzekeringsovereenkomst.** 1921—24. Parts 1—12. royal 8vo. Each part 2.50

Will be complete in 13 parts.

**Winckel, W. A. P. F. L., Rechtsbedeeling onder de inlanders en** daarmee gelijkgestelde personen in Nederlandsch-Indië. Inlandsche strafvordering, etc. 2e herz. uitg. 1920. 8vo. cloth. 15.—

**Wijnveldt, J., Neutraliteitsrecht te land. 1917. 8vo. sewed.** 3.—

**Bulletin de l'Institut intermédiaire international**

Directeur C. L. Torley Duwel. Publication trimestrielle. La Haye, 1919—24. Vol. I—XI. 11 vols. royal 8vo. In parts. 275.—

**Grotius**

Annuaire international pour 1913—1924. Sous la rédaction de M. J. van der Flier, B. de Jong van Beek en Donk, e.a. La Haye, 1913—24. Year I—X. 10 vols. With portraits. 8vo. cloth. (180.—) 90.—

**Economisch-historisch Jaarboek**

Bijdragen tot de economische geschiedenis van Nederland. 's-Grav. 1916—24. Vol. I—X. 10 vols. With 2 plates. royal 8vo. sewed. 96.—

**Parlement en Kiezer**

Jaarboekje door J. A. Jungman en F. K. van Iterson, 1911/12—1924/25. 's-Grav. 1911—24. Year I—XIV. 14 vols. 8vo. sewed and boards. (30.25) 20.—

**Revue d'histoire du droit**

Sous la direction de A. S. de Blécourt, J. van Kan, J. van Kuyk, E. M. Meijers. Avec le concours de E. Altamira y Crevea, E. Cuq, J. Jörgensen, E. Meynial, V. Scialoja, J. H. Wigmore, e.a. Haarlem, 1918—23. Vol. I—V. 5 vols. 8vo. sewed. 105.—

**Vereeniging tot uitgaaf der bronnen van het oude vaderlandsche recht**

Werken. 's-Grav. 1880—1924. 1st Series. 29 vols. 2d Series, vol. I—XXI. 21 vols. — Verslagen en mededeelingen. Vol. I—VI, VII, 1—5. — Together 58 vols. royal 8vo. sewed. With map in colours. fol. In portfolio. (470.—) 250.—

GPSR Compliance

*The European Union's (EU) General Product Safety Regulation (GPSR) is a set of rules that requires consumer products to be safe and our obligations to ensure this.*

*If you have any concerns about our products, you can contact us on ProductSafety@springernature.com*

In case Publisher is established outside the EU, the EU authorized representative is:

Springer Nature Customer Service Center GmbH
Europaplatz 3
69115 Heidelberg, Germany

**Batch number: 10830935**

Printed by Printforce, the Netherlands